W0288124

PIERRE CHEVALIER
l'homme des possibles

•

Entretiens avec
Philippe Martin

PIERRE CHEVALIER
l'homme des possibles

•

Entretiens avec
Philippe Martin

S É G U I E R

Conception graphique : Moshi Moshi studio, Paris

Couverture : visuel de l'affiche des *Roseaux sauvages* d'André Téchiné (1994), version longue du téléfilm *Le Chêne et le Roseau* réalisé pour Arte et dont Pierre Chevalier est à l'origine en tant que directeur de l'unité Fiction d'Arte France.
© Benjamin Baltimore

ISBN : 978-2-84049-730-1
© Arte Éditions, Paris, 2017
Arte Éditions : 8, rue Marceau – 92130 Issy-les-Moulineaux
Arte.tv/boutique
© Éditions **SÉGUIER**, Paris, 2017
Séguier : 3, rue Séguier – 75006 Paris – 01 55 42 61 40
contact@editions-seguier.fr

Catalogues en ligne : www.arte.tv/boutique • www.editions-seguier.fr

S É G U I E R

• Éditeur de curiosités •

Avant-propos

Quiconque a fréquenté Pierre Chevalier s'est interrogé sur son caractère hors du commun.

Une apparente légèreté cohabite avec une intelligence incroyablement perçante, sa douceur et sa politesse cachent une franchise qui ne craint pas la brutalité, et son goût pour l'amusement cède rapidement la place à une profondeur inhabituelle.

On est également surpris entre la ferme ambition qu'il a mise dans tout ce qu'il a entrepris, et l'absence d'ambition qu'il a eue pour lui-même.

Si Pierre Chevalier est devenu une des personnalités incontournables de l'audiovisuel, et si mieux que personne il a su saisir une époque, celle des années 1990, en découvrant et en accompagnant une génération entière de talents – cinéastes, acteurs, scénaristes, producteurs – on peut dire qu'il l'est presque devenu par hasard.

Aucun plan de carrière ou désir de pouvoir ne l'ont conduit à occuper cette place qui ne se compare à aucune autre dans le monde de la télévision et du cinéma.

Pendant les douze années passées à diriger l'unité Fiction d'Arte, c'est près de trois cent cinquante films qu'il aura coproduits, et souvent initiés, avec plus de deux cent soixante réalisateurs. Tant par l'empreinte que beaucoup de ces films ont laissée, que par les nombreux hommages qui ont été rendus à son travail, la réussite de Pierre Chevalier est incontestable.

D'où peut venir cette énergie visionnaire ? Comment, alors que rien ne le destinait à devenir producteur (coproducteur comme il aime à le rappeler), il a pu s'entendre avec autant d'artistes et les accompagner dans tant de films ?

Pour trouver des réponses à ces questions je lui ai proposé ces entretiens, sans me douter à quel point cet homme si discret suivrait le conseil que Gilles Deleuze lui a donné dans un moment difficile de son existence : « Un jour Pierre, il faudra que tu parles. »

Notre conversation a été plus personnelle et plus intime que je ne l'aurais imaginée. Je me suis souvent demandé jusqu'où aller dans cette intimité, mais je crois que c'est dans celle-ci que s'ancre la marque de ce caractère, son incroyable force et sa fragilité bouleversante.

C'est dans une façon bien particulière d'être au monde, à la fois libre et emprisonnée, que s'est construite cette personnalité qui, après des années d'observation et d'hésitation, a trouvé dans la nécessité de *faire* le moyen de vivre avec une sensibilité sombre et enthousiaste, puissante et vertigineuse.

L'accompagnement quotidien des cinéastes lui aura donné une énergie insoupçonnable, lui permettant d'écrire une des pages les plus marquantes de l'histoire du cinéma contemporain.

Philippe Martin

I

Né quelque part

J'aimerais commencer par une chose Pierre, une chose remarquable dès que l'on vous rencontre et qui se confirme lorsque l'on vous connaît mieux : votre éducation. Je crois n'avoir jamais rencontré quelqu'un avec une telle éducation, et j'aimerais savoir d'où elle vient, qui vous l'a transmise…

La vie est un hasard, et à la naissance le hasard est terrible. J'ai eu la chance de naître, le jour de Noël 1945, dans un milieu qui m'a éduqué, m'a appris, m'a nourri. Je suis issu de deux familles assez différentes. Du côté de mon père, une famille typique de la bourgeoisie provinciale catholique. Du côté de ma mère, une bourgeoisie plus récente, puisque les Boulez ont des origines paysannes. Dans ces deux familles, il s'agissait d'être bien élevé. Les enfants avaient une éducation classique, parfois rigide, mais qui n'excluait pas certaines incartades.

Pour mon grand-père paternel qui s'appelait aussi Pierre Chevalier, les enfants devaient rester à leur place, les rapports avec les adultes étaient très hiérarchisés. Il n'était pas question que nous parlions à table lorsque nous étions invités au Carrège, dans la maison de famille. Et en société, mes sœurs étaient astreintes à faire la révérence devant une personne plus âgée.

Mon grand-père Boulez était austère, parfois sévère, élevé chez les jésuites, très croyant, d'une immense pudeur. Mes deux grands-pères étaient remarquables, ils m'impressionnaient. C'étaient deux figures d'autorité et d'intégrité. L'un parlait beaucoup, mon grand-père Chevalier avocat bâtonnier, l'autre pas du tout, mon grand-père Boulez ingénieur, qui dès les années 1930 voyageait dans le monde entier, de l'Amérique du Sud à la Russie, pour installer des laminoirs.

Ce milieu m'a réellement éduqué.

Quel est le milieu social de la famille de vos parents, un milieu très bourgeois, très argenté ?

Dans ma famille, des deux côtés, il y avait un profond mépris de l'argent. La bête noire de mon père, c'était les nouveaux riches, le travail de l'ouvrier représentait bien plus à ses yeux.

Mon grand-père Chevalier a été le premier à avoir un métier, et aussi le premier à être allé au collège. Les générations précédentes avaient des terres, des propriétés, un château, un pavillon de chasse. Ils ont tout perdu à la fin du XIXe siècle, ruinés par la révolution industrielle.

Mes parents ne dérogeaient pas au principe que l'éducation est d'abord l'affaire des éducateurs, c'est-à-dire les religieux. De la primaire jusqu'au bac : Saint-Joseph, Saint-Thomas d'Aquin et Sainte-Marie. Et le collège de l'Immaculée Conception pour mes sœurs.

Nous voyions assez peu nos parents. Ils avaient une vie sociale et professionnelle très remplie. Mon père était chirurgien, il avait une clinique. Ma mère dirigeait cette clinique.

Femme brillante, elle avait créé un ciné-club avec le soutien d'Henri Langlois qui lui prêtait des films. Elle était aussi à l'origine

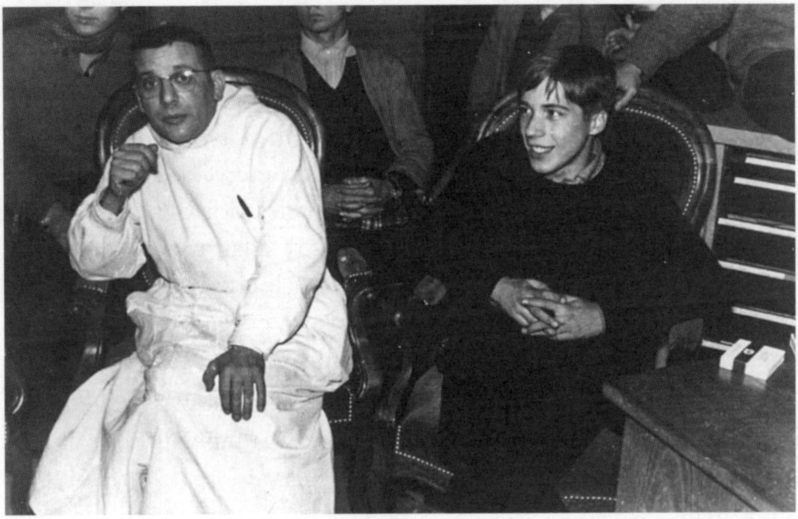

• Au collège Saint-Thomas d'Aquin,
avec le révérend père Réginald de Rocquois (1961) •
© Coll. privée / DR

des Ateliers de Théâtre Populaire qui présentaient un théâtre très différent de ce que l'on voyait à l'époque.

Le « suivi » des enfants n'était pas tellement leur histoire, c'était l'affaire des employées de maison qui s'occupaient de nous au quotidien. Je n'ai véritablement connu mes parents qu'à l'âge adulte.

Ce qui a beaucoup compté, à côté de la famille, ce sont les années de collège où je suis allé en pension vers l'âge de douze ans. Un pensionnat tenu par les Dominicains, le collège Saint-Thomas d'Aquin, à Oullins, près de Lyon. Là c'était très strict. Nous nous levions à cinq heures trente l'été, six heures l'hiver. Pas d'eau chaude, pas de chauffage dans les dortoirs, uniformes, parloirs, sorties sur tableau d'honneur… Il fallait très bien se tenir, ne pas parler à table avant que sonne la cloche qui annonçait le dessert. Seuls régnaient le silence, la prière et l'autorité des pères, mais aussi un vrai échange avec les éducateurs, la nécessité d'une vie intérieure, des amitiés très fortes et une figure marquante, celle du régent des études, le père Réginald de Rocquois.

Tout cela m'a formé.

Vous manifestiez une forme de contestation face à cette éducation ?

Dans ma famille, oui, un peu… J'étais un garçon difficile tout de même, rêveur et paresseux, très renfermé surtout.

J'avais envie de m'éloigner, de partir, alors que cet environnement familial était privilégié. Nos parents nous emmenaient en voyage, une fois par an pour nos « humanités », avec mes deux sœurs, Biche – Monique – ma sœur aînée, et Cricri – Christiane – la cadette. Il y avait entre nous les bagarres habituelles, mais on

• Pierre Chevalier et sa sœur Monique à Delphes (1963) •
© Coll. privée / DR

s'entendait merveilleusement bien. C'était un sentiment très fort, une très grande affection. Celle-ci dure encore.

Il n'y a pas eu de problème majeur dans cette éducation, même si elle demeure différente de celle qu'on connaît aujourd'hui. C'était celle de notre milieu, et il y avait des enfants traités bien plus sévèrement. Mes parents donnaient l'impression d'être libéraux, et ils l'étaient. Le week-end par exemple, ils nous permettaient de recevoir nos amis. Le soir nous avions la permission de sortir pour aller au cinéma et plus tard, dans les soirées.

Les sujets de conversation étaient très ouverts. Nous pouvions aller dans la bibliothèque quand nous le voulions et lire des ouvrages que normalement les enfants ne consultaient pas. Cette bibliothèque, c'était fantastique, j'ai commencé à m'y forger des territoires secrets.

On avait aussi le droit de regarder la télévision le week-end, ce qui n'était pas le cas pour d'autres enfants.

Vous la regardiez beaucoup ?

Beaucoup oui, enfin quand je pouvais... Je ne regardais pas les informations. Je détestais cela, c'était la télévision du général de Gaulle, la « voix de la France ». Je regardais les téléfilms, ceux des Buttes-Chaumont, de Bluwal, Santelli... Et puis je me souviens d'un feuilleton intitulé *Les Secrets de la mer Rouge* à partir des textes d'Henry de Monfreid. J'étais véritablement accro à cette série.

Vos parents vous manifestaient leur affection ?

Bien sûr. Mais il y avait tout de même assez peu d'échanges, et puis les enfants parlaient peu aux parents et ne disaient rien de leurs sentiments. Les enfants parlaient entre eux, avec leurs amis de collège, mais ne parlaient pas aux parents. On ne disait rien de ce qu'on vivait… rien.

Vous suivez donc cette scolarité chez les religieux jusqu'au bac, et après ?

Après, j'ai complètement raté mes études. J'ai commencé – convention oblige – par une année de droit avec le rêve pour mon père de Sciences Po et même l'ENA. Mais au bout d'un an, j'ai fait propédeutique lettres et à vingt ans, de façon irrépressible, j'ai voulu quitter Lyon et Roanne.

Je sortais dans les soirées, ne travaillais pas, perdais mon temps.

À vingt ans j'ai même fait une fugue, je suis parti de la maison de campagne du Prieuré que mes parents avaient acquise en Haute-Provence pour aller à Saint-Tropez.

C'était quoi cette fugue ?

C'était l'aventure, le plaisir, l'interdit…

Ça s'est passé comme souvent chez moi, par hasard. J'avais un ami très proche, Jean-François Lefort, qui était apollinien et en rupture avec sa famille.

Il avait une sorte de poésie en lui, de la culture incontestablement et comme moi, il ne faisait pas grand-chose. Je l'ai connu à dix-huit ans. J'allais le voir en Solex, j'ai fait toute la Haute-

Provence en Solex. Je passais chez lui quand j'allais à Forcalquier ou sur la route de Manosque. Nous écoutions beaucoup de musique, c'est lui qui m'a fait découvrir Monteverdi : *Les Vêpres de la Vierge*, *Le Couronnement de Poppée* avec ce si bel air de la mort de Sénèque. Un jour où on allait à Simiane-la-Rotonde avec sa 4L, il me dit : « On va sortir d'ici et on va aller au bord de la mer.»

Nous sommes restés trois nuits dans la maison appartenant à Tony Richardson, près de Saint-Tropez – Jeanne Moreau y avait séjourné, ça m'éblouissait ! Je n'avais bien sûr pas averti mes parents, et j'étais encore mineur. Un matin, des gendarmes sont venus. Ils nous ont demandé ce qu'on faisait là, ils nous ont dit qu'il ne fallait pas se baigner tout nus... Moi, je croyais qu'ils venaient me chercher ! J'étais terrorisé. On a décidé de rentrer. De toute façon, mon père avait alerté les autorités. Et alors là, en rentrant, j'ai reçu un de ces savons, terrible. Ma mère était glaciale et mon père ne voulait plus me voir. Il m'a dit : «Tu es une canaille, tu déraillles complètement, tu vas avec des gens infréquentables, c'est honteux.»

Pierre Boulez, mon oncle maternel, a proposé à ma mère que je l'accompagne à Bayreuth. Nous sommes donc partis tous les deux une semaine à Bayreuth où il devait diriger *Parsifal* l'année suivante.

Ça a été formidable ! Dès notre arrivée, Wolfgang Wagner qui dirigeait le festival, nous a fait visiter le Festspielhaus. Nous étions dans les coulisses, un opéra était en train de se donner. Pierre m'a demandé si je reconnaissais les arpèges, mais je ne savais même pas lire une partition.

Sur scène, il y avait Brunehilde interprétée par Birgit Nilsson, que Wotan endormait debout. Karl Böhm dirigeait. La mise en scène était de Wieland Wagner, frère de Wolfgang, tous les deux petits-fils de Richard Wagner. C'était merveilleux.

Le lendemain nous avons déjeuné avec Otto Klemperer. Il parlait un sabir fait de plusieurs langues dans lesquelles on reconnaissait l'allemand, l'anglais, et quelques mots de français. Il était paralysé et mangeait difficilement : une gouvernante était à ses côtés pendant tout le repas. Le déjeuner a duré très longtemps et Pierre était ravi ! Il n'était pas souvent content, mais là il l'était. Moi j'étais fasciné de déjeuner avec une telle légende de la direction d'orchestre.

Être à Bayreuth à vingt ans, c'est important pour vous, la musique tient déjà une place importante dans votre vie ?

J'étais surtout très content d'être avec mon oncle. Depuis l'âge de dix douze ans, c'était vraiment une des personnes que j'aimais le plus au monde. Il venait de temps en temps voir ma mère, on allait à Montbrison. C'était déjà une icône pour moi, et puis il était drôle. Il était tellement gai et ne grondait jamais les enfants. On pouvait faire ce qu'on voulait. On ne le voyait pas souvent mais à chaque fois, c'était un événement. Mon père s'entendait bien avec lui bien qu'ils n'aient aucun point commun. Mon père détestait la musique, n'aimait pas l'art contemporain. Lui, c'était l'histoire, l'architecture, les antiquités. Pierre détestait la chirurgie, l'hôpital, la maladie… Mais ils se sont toujours très bien entendus.

À partir de mes quinze seize ans, nous allions passer les vacances chez lui à Baden-Baden avec ma sœur Cricri. Pierre habitait tout le rez-de-chaussée d'une grande maison au bord de la Forêt-Noire et moi je dormais dans une chambre tout en haut. Nous passions notre temps à nous amuser, il nous faisait rire ! Je me souviens de bagarres aux petits-suisses, ou aux myrtilles et groseilles ! On pouvait sortir le soir, on allait boire des tangos, des bières avec du sirop de grenadine dans le vieux Baden.

Il y avait souvent les percussionnistes de Strasbourg, Heinrich Strobel et sa femme, le directeur du Südwestfunk, Stockhausen qui était alors très proche de mon oncle. Il y avait entre eux une entente, une entraide, l'entreprise de projets communs. Ma mère était aussi très proche de Stockhausen, il est même venu chez elle donner un concert pour ses soixante-dix ans.

Pierre nous permettait de tout faire. On pouvait fumer, boire de l'alcool, se coucher tard, il n'y avait pas d'horaires, c'était formidable. Il y avait une sorte d'énergie dans l'air, une espèce de force, tout était enlevé, tout allait vite et en riant. Je me souviens qu'il adorait le gingembre. Qu'est-ce qu'on a pu en manger, même le beurre était au gingembre ! On l'a d'ailleurs surnommé « Oncle Gingembre ».

Souvent, il nous emmenait en promenade, il aimait beaucoup marcher et nous faisait découvrir la Forêt-Noire.

L'après-midi, avec ma sœur Cricri, nous allions au Koenig, un salon de thé. Nous nous promenions près du Casino. De temps en temps, Pierre venait avec nous. Et puis le soir nous étions avec lui, nous discutions jusqu'à minuit, une heure. Il parlait en buvant de la framboise, je me souviens, ou du Ginger Ale, une boisson au gingembre qui doit encore exister. Infect. On en buvait car il adorait ça, mais nous avec Cricri, on n'en pouvait plus du gingembre !

Il travaillait également pendant ce temps, il composait ?

Oh oui ! On le voyait à ses yeux à l'heure du déjeuner. Il travaillait la nuit jusqu'à cinq ou six heures du matin, mais nous n'allions jamais dans son bureau, son bureau de composition, jamais. Il travaillait aussi l'après-midi. Il dormait peu, environ quatre ou cinq heures. Pierre travaillait beaucoup et lisait. Il a toujours énormément lu, et cela nous donnait envie de lire ce qu'il lisait. C'est comme cela que j'ai découvert des auteurs que je n'aurais pas lus à cet âge-là comme Joyce ou Sade. Quand on discutait avec Pierre, c'était serré, il ne fallait pas faire d'erreur. C'est lui aussi qui nous a fait approcher la peinture, exclusivement moderne ou contemporaine : Paul Klee, Kandinsky, André Masson, Vieira da Silva.

Et quelle vision aviez-vous de son travail ?

Je ne comprenais pas, mais j'essayais de me familiariser avec ses enregistrements : son interprétation des *Cantates* de Webern m'a initié à la musique contemporaine. Nous écoutions parfois ses concerts à la radio, avec de nombreux sifflets à la fin !

Je comprenais que c'était quelqu'un d'exceptionnel, je l'admirais avec toute la passion de l'adolescence. J'avais un peu la même admiration que celle qu'éprouvait ma mère pour lui. Non, en fait ma mère était plus sévère que moi…

Que faites-vous après cette semaine passée à Bayreuth ?

Je viens à Paris, avec l'autorisation de mon père et je reprends mes études de lettres et philo. Pendant un an, je ne vois personne ou à peu près. Mais je lis. Les livres sont mes remparts. Deux auteurs me marquent particulièrement à cette période : Ezra Pound et ses *Cantos pisans*, et Walt Whitman.

Pourtant vous disiez que vous aimiez faire la fête pendant vos années d'études à Lyon…

Oui, il y avait des rallyes à l'époque. Les mères de famille organisaient des soirées en vue de mariages possibles. Chaque fin de semaine, une mère recevait des jeunes gens en smoking et robes longues. C'était une vie assez stupide.

Mais à Paris c'était différent. Je vivais seul, mon oncle et ma tante Roger et Marie-Claire Boulez me recevaient avec beaucoup de générosité et de gentillesse, c'était les jours où je mangeais bien, j'avais peu d'argent.

Vous étudiez ?

J'étais en fac, à Censier d'abord puis à la Sorbonne. Mais je ne travaillais pas beaucoup.

Vous aviez envie de faire quelque chose ?

Non, aucune envie si ce n'est d'aller à l'étranger. Toujours ce désir de fugue ; partir, disparaître.

Je voulais aller aux États-Unis, habiter un an là-bas, apprendre l'anglais. Être le plus loin possible… À tel point que, provocateur, j'avais dit à mes parents : «Je veux être steward ! »

Vous alliez mal ?

• À une soirée de rallye (Lyon, 1965) •
© Coll. privée / DR

Oui, sans doute. Je n'étais pas très heureux. Je vivais là, dans cette toute petite chambre, surtout la nuit d'ailleurs. J'allais en cours mais sans enthousiasme, pourtant j'avais des professeurs remarquables comme Jankélévitch.

Je ne sais pas comment cette situation s'est dénouée. Petit à petit je suis sorti, j'ai déménagé rue des Beaux-Arts dans l'immeuble où Claude Bernard avait sa galerie. Je n'osais pas y entrer.

Cette période demeure assez sombre, silencieuse, solitaire.

Je faisais des études qui auraient dû me mener à l'enseignement, mais j'étais incapable de passer le Capes ou l'Agrégation. Je suis juste allé à l'écrit et j'ai rendu une feuille blanche.

Mon père m'ayant incité à vivre par mes propres moyens, j'ai fait des petits boulots, beaucoup de baby-sitting. Et puis, j'ai été garçon de courses chez Gallimard, mon premier bulletin de salaire !

Comment arrivez-vous chez Gallimard ?

Pierre était très ami avec Paule Thévenin, qui avait été la secrétaire d'Antonin Artaud et était devenue son exécuteur testamentaire. Elle travaillait à une édition complète de son œuvre chez Gallimard en ayant plein d'ennuis avec la famille Artaud, le neveu notamment qui ne voulait pas qu'on publie tous les cahiers de son oncle. Elle s'est bagarrée et au bout de vingt ans les éditions complètes sont parues.

Paule venait souvent à Baden, et elle était proche de Robert Gallimard. Un jour, je lui demande : « Croyez-vous que je puisse entrer chez Gallimard ? »

Elle me dit que c'est difficile mais qu'elle en parlera à Robert.

La réponse de Gallimard : « C'est possible s'il est garçon de courses. »

À vingt-cinq ans, j'entre donc comme garçon de courses. La tâche était simple mais un peu rude : il fallait livrer manuscrits ou épreuves à une multitude d'auteurs, en mobylette, à raison de vingt-trente kilomètres par jour !

J'étais aussi garçon de bureau pour le comité de lecture et très copain avec les dames du service de presse qui me permettaient de prendre tous les ouvrages que je voulais, et parfois même des « Pléiade ».

Pendant ce temps chez Gallimard vous nouez des amitiés ?

Oui, certaines. Mais vous savez, garçon de courses c'est en dessous de tout, en dessous des chauffeurs, en dessous des secrétaires évidemment.

Mais j'étais proche de Queneau que j'aimais beaucoup. Les bureaux et la cour étaient un spectacle permanent : la silhouette impressionnante de Gaston Gallimard, celle de Paul Morand. Je pouvais croiser Roger Grenier, Marcel Arland, Jean Denoël, Dominique Aury, Brice Parain, et tant d'autres. Plus tard, j'ai fait la connaissance d'Isabelle Gallimard, puis de Françoise.

Vous faisiez vos études en même temps ?

Oui, mais avec une grande indolence. Je venais de passer la maîtrise et j'étais donc en première année de doctorat troisième cycle.

Je voulais surtout partir en coopération. Toujours ma recherche de l'étranger, mais je n'ai pas été pris. J'ai donc fait mon service militaire à Villacoublay, dans l'arméee de l'air. Je me suis beaucoup ennuyé, mais j'avais pas mal de copains que je n'ai absolument pas revus par la suite. Et puis, je pouvais aller dans les avions et voler avec les officiers et élèves-officiers qui faisaient de nombreux exercices, comme par exemple des « touch and go » : les pilotes avec leurs moteurs à réaction s'approchent de la piste, la touchent sur deux roues et repartent dans le ciel. Quelle sensation !

Avant le service militaire il y a Mai 68…

Mai 68 a été important pour moi.

J'étais à la Sorbonne quand elle a été encerclée sur ordre du général de Gaulle. Des cars de CRS sont arrivés et nous avons été contraints de sortir de l'amphithéâtre Descartes pour être emmenés au commissariat. Là, nous nous sommes mis à chanter *L'Internationale*. Cela a été un moment extraordinaire d'union, de rêve, de révolte, mais une révolte pour l'avenir. Après j'ai participé à toutes les manifestations, à tous les débats.

Vous étiez politisé ?

Pas du tout !

En revanche, la politique comptait beaucoup dans ma famille, de ce point de vue c'était même assez bariolé. Mon grand-père Chevalier avait une passion pour Napoléon, en réaction à sa mère qui était monarchiste et légitimiste. Le beau-frère de celle-ci était l'un des fondateurs d'Action Française. Mon grand-père Boulez était conservateur. Mon père était Gaulliste, suppléant UNR. Ma mère était de gauche, tendance PSU. Tous les deux se présentaient sur des listes électorales opposées. J'ai d'ailleurs des souvenirs assez cocasses de réceptions chez nous où mon père invitait ses amis de l'UNR : ma mère, en maîtresse de maison parfaite, mettait des bouquets de fleurs sur les petites tables de bridge, préparait des repas très fins. Et puis quelques jours plus tard, c'est elle qui recevait ses amis du PSU, de la CGT et du Parti communiste, autour de buffets campagnards ! Ces soirs-là, mon père préférait les passer à la clinique.

Quant à mon oncle Pierre, il avait signé le *Manifeste des 121*, contre la torture en Algérie et appelant à la désobéissance civile.

Ce n'était pas simple de trouver son chemin dans cette savane où l'on entendait de véritables rugissements. Le domaine politique me paraissait incompréhensible. Mais à la fac, il y avait l'UNEF et de nombreux groupuscules révolutionnaires, dont le courant maoïste auquel j'ai participé un moment.

Vous avez été maoïste ?

Oui, comme nombre de fils de bourgeois.

Mais vous étiez convaincu ou vous suiviez ?

Je suivais, mais j'étais convaincu, très convaincu même. Je prenais part aux cellules de L'UJCM, l'Union des Jeunesses Communistes Marxistes-Léninistes. Il y avait aussi le PCMLF, Parti Communiste Marxiste-Léniniste de France. Je ne me souviens plus de la différence entre les deux, mais il y avait des batailles féroces entre les militants. Tout cela était nouveau pour moi, comme une forme d'utopie, un monde du futur.

Puis tout s'est progressivement éteint. Ça s'est éteint en partie à cause de nous, les jeunes. Après Mai 68 beaucoup d'entre nous sont rentrés dans le rang.

Dans le même temps sont apparus Deleuze, Foucault, Derrida, Bourdieu, Barthes. Ils ont pris le relais.

Peu après, c'est la création de Vincennes. L'Université de Vincennes c'est très étonnant. Cette université ouverte à tous, à ceux qui n'avaient pas le baccalauréat, aux ouvriers... Vincennes a été une invention extraordinaire qui ne pourrait plus avoir lieu aujourd'hui et dont il ne reste plus rien, si ce n'est une clairière.

Vous y alliez ?

Non. J'avais interrompu mon doctorat de troisième cycle sur Machiavel après la première année.

J'avais 28 ans, et j'ai trouvé un travail de correcteur et rédacteur à l'*Atlas historique français*, une publication de l'IGN. Mais le plus difficile à ce moment-là, a été une douleur lancinante à la colonne et au dos qui ne me quittait jamais.

Pendant deux ans tout le monde a pensé que je somatisais sur une scoliose. On m'a même traité pour hystérie pendant six mois, car l'hystérie peut provoquer des paralysies, et je devenais paralysé de la jambe droite.

À l'hôpital de La Salpêtrière on m'a fait un examen un peu barbare : une myélographie gazeuse ; on vous enlève du liquide céphalo-rachidien et on vous injecte un gaz colorant. On a alors constaté que j'avais une tumeur à l'intérieur de la colonne.

J'avais la hantise de ne plus pouvoir marcher, hantise qui est revenue bien plus tard. Dès que j'ai été opéré je n'ai plus souffert, j'ai été libéré du jour au lendemain.

C'est oncle Pierre qui avait convaincu mon père de m'hospitaliser dans le service de neurochirurgie où j'ai enfin été guéri.

Quand vous dites que vous avez été traité pour hystérie c'était quel type de traitement ?

C'était à l'hôpital Lariboisière, de l'électricité, des électrodes sur le torse. Ça me brûlait mais je n'osais rien dire car on m'avait tellement répété : « C'est dans ta tête, parce que tu n'as pas de métier, parce que tu ne sais pas quoi faire, parce que tu n'as pas de femme, pas d'homme… »

Qui vous disait cela ?

Tout le monde, y compris les médecins.

Les médecins vous parlaient comme ça ?

Ah oui ! Ils m'interrogeaient sur mon état personnel, me demandaient si j'avais des problèmes affectifs. Je disais : « Non ça va, mais j'ai très mal. » Les médecins croyaient vraiment que c'était une somatisation à partir de problèmes personnels.

Que vous n'aviez pas ?

Non… Enfin j'étais différent des autres. Je ne me fixais pas, je n'avais pas d'avenir mais je ne m'en préoccupais pas. J'aimais la vie, les gens.

Pierre m'a invité à venir à Baden pour ma convalescence. Je m'y suis rendu avec mes plus proches amis : Eugénie de Brancovan, Stéphane et Fabrizio Ruspoli.

Eugénie était une jeune femme libre, indépendante, drôle, absolument originale, qui descend de Dracula et de Vlad l'empaleur ! J'ai été son compagnon de vie. Avec elle et Fabrizio nous formions un trio inséparable.

Nous sommes donc partis pour Baden en moto, c'était de la folie. J'avais trois clips sur la colonne vertébrale !

Et vous allez à Baden-Baden en moto ! Comment êtes vous ressorti de cette épreuve ?

Sur le moment, bien, mais ça a cassé la vie. On ne m'avait pas cru.

Je me suis de plus en plus réfugié en moi-même. Ça m'a emprisonné.

Même lorsque vous avez été guéri ?

Cet épisode ne m'a pas quitté, et maintenant encore. Il y a les religieux et la maladie qui m'ont emprisonné pour la vie. J'ai continué à vivre mais cela a eu des conséquences sur ma vie personnelle. Je n'ai jamais vraiment eu de vie personnelle.

On peut en parler ?

Oui, je ne dirai pas grand-chose mais on peut en parler.

UNIVERSITÉ
DE LYON

L 722

BIBLIOTHÈQUE
ANNÉE 1965-1966

B.G

Nom et Prénoms : CHEVALIER
Pierre

Faculté : Lettres

(ou Etablissement)

Le Bibliothécaire,

BIBLIOTHÈQUE UNIVERSITAIRE LYON

Le Titulaire,

II

Un air de liberté

On a parfois le sentiment que vous avez décidé de ne pas avoir de vie privée.

Oui, j'ai décidé ! À l'âge de vingt ans. Cela m'a paru évident. J'étais sans doute incapable d'éprouver ce besoin ou ce désir. Une vie privée, c'est être généreux et je n'ai pas cette générosité-là. J'ai la générosité nécessaire pour agir, pour aider, mais pas pour la vie à deux.

Je ne dis pas que je n'ai eu personne dans ma vie : à l'âge de dix-sept ans, une histoire belle et violente m'a beaucoup marqué.

Plus tard, une autre personne a compté, ce n'était pas très important mais c'était très agréable, très libre et léger. Comme un amour d'été qui durerait dix ans. Ce n'était pas intense mais dans un rapport de bien-être, de bonheur, sans le drame et la passion. Je maîtrisais l'histoire.

Mais je n'ai jamais vécu avec quelqu'un, sauf avec les Deleuze.

Et cela ne vous a jamais traversé l'esprit ? Il n'y a jamais eu une personne avec qui vous auriez pu partager votre vie ?

Non. Je crois que c'est à cause de mon orgueil.

Mais pourquoi l'orgueil ?

Vivre avec quelqu'un ou éprouver un sentiment, de la passion, pour moi c'était descendre. C'est terrible.

Aujourd'hui est-ce un regret ? Êtes-vous toujours fidèle à la décision que vous avez prise à vingt ans ?

Trop tard pour regretter.

C'est une absence, une absence grave.

Je me suis réfugié dans la solitude parce que c'était sans doute ce qui me convenait. C'est une incapacité à aimer, à donner et se donner.

Et puis il y avait Pierre. Je pense que je n'ai pas eu de vie privée pour être comme lui, pour ne pas m'éloigner de lui.

Vous sentiez que si vous aviez une vie privée, il vous en voudrait ?

Oui, même si c'est sans doute un fantasme de ma part.

Parce qu'il avait pris la même décision…

Mais lui avait vécu et souffert d'une rupture amoureuse.

Jeune, il a éprouvé une vraie passion. C'est elle qui a rompu, enfin… Elle a rencontré un autre homme et elle voulait aimer ces deux hommes. Pierre n'a pas voulu, ce n'est pas étonnant de sa part.

À la suite de cette histoire, Pierre a écrit à partir du poème de René Char, *Le Visage nuptial*, une œuvre d'une fraîcheur extraordinaire.

Ce que je vous dis, je l'ai su par ma mère il y a une vingtaine d'années. Elle gardait un souvenir lumineux de Pierre à cette période, juste après la guerre. Il était fou d'amour.

Avant, votre mère ne vous avait jamais rien dit de cette histoire ?

Absolument.

Mais pourquoi ?

C'est une chose terrible qu'ont les Boulez de ne pas se confier. Les Boulez ont une incapacité à dire les choses.

Dans votre vie personnelle, vous vouliez reproduire le mode de vie de votre oncle ?

Oui, certainement. J'avais une grande admiration et beaucoup d'affection pour Pierre. Il représentait l'homme idéal. Je l'aimais infiniment. J'ai beaucoup observé son mode de vie, sa personnalité.

Lorsque j'avais dix-huit, vingt ans, notre relation était profonde.

À cette période il m'a d'ailleurs proposé de passer un an à Baden pour écrire. J'ai dit non.

Pourquoi ?

D'abord, je savais que je n'avais rien à dire, rien à écrire. Et puis j'avais peur de ne pas être à la hauteur.

Il a compris ?

Difficilement.

Votre famille se rendait compte que vous étiez si proches ?

Oui, cela les rassurait.

Votre mère aussi était proche de votre oncle ?

Ma mère a toujours été très proche de son frère puîné. Il avait presque quatre ans de moins qu'elle et je crois que l'enfance les a beaucoup liés.

Ma mère, Jeanne Boulez, était une enfant très vivante, rebelle, elle faisait les quatre cents coups chez les religieuses. Elle protégeait son « petit frère », s'en occupait, inventait avec lui des tas d'histoires. Elle en parle encore avec une mémoire sans faille.

Elle a compris très vite que ce frère avait un réel don pour la musique et a été la première à le soutenir dans sa décision d'être un compositeur, surtout vis-à-vis de leur père qui était assez rigide. Leur mère c'était le contraire, vive, drôle, il y avait chez elle un mélange surprenant de convention et d'originalité ; elle adorait Chopin et Feydeau !

Pierre avait joué du piano très tôt à Montbrison. À sept ans, il avait même donné un petit concert dans la salle des fêtes, et il y avait eu un article dans la presse locale intitulé : « Le petit Mozart Montbrisonnais. »

Aux dires de ma grand-mère qui surveillait les leçons de piano avec un métronome, Pierre jouait nettement mieux que sa sœur, plus vite, et déchiffrait instinctivement.

Peu à peu, ils se sont mis à jouer avec d'autres enfants. Après la messe, le dimanche après-midi, ils se réunissaient chez les uns et les autres : ma mère et Pierre au piano, un troisième au violoncelle, puis un dernier au violon. C'était plutôt Mozart ou Beethoven, mais aussi Bizet et Saint-Saëns.

Pierre a eu le bac avec mention et il est parti à Lyon faire Math sup, mais il n'a pas voulu continuer : il ne voulait pas être ingénieur, il voulait faire de la musique.

Ma mère a compris ce désir, cette nécessité absolue.

En 1942, à un peu plus de vingt ans, elle a pris le seul train qui circulait entre Montbrison et Lyon, le train des ouvriers, pour forcer la porte du directeur du conservatoire qu'elle avait rencontré avec Ninon Vallin, une chanteuse connue à l'époque. Pierre a passé l'examen d'entrée et a été refusé avec cette phrase : « Boulez, rien dans les mains, rien dans la tête ! »

Une lettre envoyée à ma mère témoigne de son désarroi.

Pour mon grand-père, ce fut un choc. Il ne comprenait pas pourquoi Pierre voulait faire de la musique alors qu'il était si doué en maths et en physique. Mais il ne s'est jamais opposé à la volonté de son fils, contrairement à ce qui a pu être dit ou écrit.

L'échange entre ma mère et Pierre a duré toute leur vie. Il fut particulièrement important dans les moments d'exil, après que Pierre a signé le *Manifeste des 121*, et lors du désaccord avec

Malraux à propos de la direction de la Musique en France et de l'Opéra de Paris. Il s'est alors définitivement fixé en Allemagne.

Par la suite, elle a suivi ses activités de chef d'orchestre à Londres, New-York, Cleveland, Los Angeles, Berlin, Bayreuth, Lucerne…

Leur relation m'a toujours semblé évidente, c'était la même vitalité, la même autorité, le même goût de la conquête, le même sens de la modernité. Jusqu'à la fin il lui demandait toujours de lui parler de leur enfance. J'étais là quand ma mère a rendu visite pour la dernière fois à son frère très malade ; un des rares mots qu'il ait prononcés a été « Montbrison ».

C'est une singulière histoire et je ne sais pas ce qu'il en restera.

Que voulez-vous dire par ce qu'il en restera ?

Ce que, plus tard, l'histoire de la musique, s'il y en a une, retiendra de cette relation si forte, si passionnée…

Comment a évolué votre relation avec votre oncle ?

Je pense que le fait de vivre chez Gilles et Fanny Deleuze a marqué un éloignement. Pierre séjournait de moins en moins en France, pris par ses activités un peu partout dans le monde.

Et il devait quand même trouver bizarre que je vive en groupe, presque en meute. C'était singulier d'ailleurs, cette vie à plusieurs pendant onze ans, du moins pour l'extérieur.

Pour lui c'était plutôt un signe de faiblesse, cela signifiait que je faisais mon nid dans celui des autres, comme un coucou, que je ne me prenais pas en main.

Comment en êtes-vous venu à passer onze ans chez Gilles et Fanny Deleuze ?

J'ai rencontré Gilles et Fanny en 1972 chez François Michel, un « homme de lettres » qui avait publié chez Fasquelle une encyclopédie musicale. Il était ami avec de nombreux musiciens et écrivains, avait été proche de Stravinsky. Il avait une maison à la campagne près de Fontainebleau où il recevait des amis.

J'ai été invité une fois en même temps que Gilles et Fanny Deleuze et comme le déjeuner était ennuyeux, nous sommes allés jouer avec les enfants, Julien et Émilie, dans le parc. J'ai d'abord sympathisé avec Fanny qui m'a expliqué que Gilles faisait des voyages et qu'elle l'accompagnait ; ils avaient besoin de quelqu'un pour garder les enfants.

Mon mal au dos me faisait boiter – je ne savais pas encore qu'il s'agissait d'une tumeur de la moelle épinière – et je ne pouvais plus monter les trois étages de mon immeuble, rue Saint-André des Arts, où habitait également Eugénie de Brancovan.

Fanny s'est aperçue de mon malaise et m'a proposé de venir habiter chez eux, rue de Bizerte : « Il y a une grande pièce au rez-de-chaussée, tu souffriras moins. » L'appartement était sur deux étages, je m'en souviens parfaitement : une entrée au rez-de-chaussée menait à ma chambre puis à une toute petite pièce qui était la bibliothèque littérature de Gilles et enfin une autre qui était son bureau avec la bibliothèque de philosophie. Un escalier intérieur menait au premier étage où il y avait le salon, la salle à manger, les chambres et une porte donnant sur l'extérieur. L'appartement n'avait pas de centre, la circulation entre toutes ses pièces se faisait naturellement, il n'y avait pas de territoire réservé.

C'est dans votre chambre qu'a été tourné* L'Abécédaire *?

Oui en 1985. Mais j'avais quitté la rue de Bizerte en 1983.

Quel était le quotidien de votre famille d'adoption ?

Ce n'était pas une famille d'adoption, plutôt une bande !

À cette question qu'on lui a souvent posée, Fanny répond : « Ce que je pourrais vous dire ce sont des propos de maître d'hôtel, rien de vraiment intéressant. » Je suis comme Fanny, je ne peux pas en dire grand-chose, c'était la vie quotidienne avec bien sûr des moments exceptionnels.

La maison était ouverte aux quatre vents. Tout le monde pouvait passer, venir dîner : les copains des enfants, les disciples de Gilles – Claire Parnet, André Scala, Richard Pinhas –, mes amis – Eugénie, Fabrizio, Agnès –, ceux de Fanny et puis Foucault, François et Noëlle Châtelet – très forts à la belote ! –, Jean-Pierre Bamberger, le fidèle ami de jeunesse de Gilles, Elie Sambar, l'ami palestinien, et des gens perdus qui voulaient absolument parler à Gilles. C'était juste après la parution de *L'Anti-Œdipe* qui avait fait un bruit considérable et secoué les milieux universitaires.

Foucault était très présent ?

Oui. Gilles et Foucault avaient l'un pour l'autre une inaltérable estime.

Foucault, dans la conversation, n'était pas grave, il était même très drôle, avec un rire cristallin. Une fois nous parlions du Parti communiste et il m'a dit : « Pierre, je sais que vous n'avez jamais fait partie du Parti communiste et que jamais vous ne pourrez en faire partie. »

Vous aviez pourtant été maoïste…

Mais il ne le savait pas, je ne m'étais pas étendu.

Barthes venait en fin d'après-midi, mélancolique et hypersensible.

Pierre Boulez venait aussi, j'ai fait connaître Pierre à Gilles. Il y a eu des dîners avec Pierre, Michel Foucault et Gilles. Pierre était intimidé par la philosophie, matière où il se considérait incompétent, mais il était intarissable sur la modernité.

Aviez-vous conscience à cette époque de l'importance de ces philosophes, de la place privilégiée que vous aviez entre Foucault, Barthes et Deleuze ?

Je m'en rendais compte, sans que ce soit handicapant. Je parlais peu, nous étions nombreux autour de la table et je faisais plutôt le passe-plat. Mais il n'y avait chez eux aucune prétention ni abstraction.

À cette époque, ils étaient aussi moins connus.

Vous les lisiez ?

Oui. Foucault m'était difficile. J'avais lu plusieurs ouvrages de Gilles : *Différence et répétition*, *Nietzsche et la philosophie*, ses ouvrages sur Spinoza, *Proust et les signes*.

Pour ces gens qui venaient, vous aviez quel statut ?

Celui d'un assistant, d'un baby-sitter ou d'un ami.

Vous étiez un fils adoptif ?

Ah non ! Les notions d'ascendance, de filiation, n'avaient pas grand sens pour Gilles : le rhizome plutôt que la racine.

Pour Fanny, j'étais plutôt une sorte de quart de frère, elle avait déjà un demi-frère !

Ils étaient assez jeunes…

Fanny avait à peine quarante ans et Gilles, la cinquantaine.

Moi j'en avais vingt-sept. L'ambiance était virevoltante, nous étions toujours en mouvement, les gens venaient, le téléphone n'arrêtait pas de sonner.

Les livres de Gilles Deleuze et Félix Guattari paraissaient beaucoup plus explosifs que ceux de Derrida ou Barthes. Tout le monde voulait être deleuzien. C'est l'époque où Foucault a dit : « Ce siècle sera deleuzien. » Et puis Gilles avait un charisme extraordinaire, qui fascinait les étudiants.

Que faisiez-vous à ce moment-là ?

À mon arrivée chez Gilles et Fanny je travaillais à l'*Atlas historique français*, et cela s'est arrêté : j'en ai été renvoyé pour « manque d'appétence». Pendant trois mois, je n'ai pas eu de travail du tout. Peu après, Gilles a décroché auprès du ministère du Plan ou de la Santé, une étude sur la généalogie des équipements collectifs de pouvoir, la prison, l'hôpital psychiatrique... Ça, c'était typique Foucault. On a donc travaillé là-dessus avec Claire Parnet, qui allait être la co-auteure de Gilles pour les *Dialogues*, et avec André Scala. Cette étude a été complètement vaine, mais a généré un peu d'argent.

Et votre rôle de baby-sitter?

Émilie avait huit ans et Julien douze ans, c'était léger. Je m'en occupais le soir, quand Gilles et Fanny n'étaient pas là. On se bagarrait souvent, on riait, on écoutait en boucle le *Boléro* de Ravel ou le petit 45 tours de Gherasim Luca que Gilles admirait beaucoup. Émilie et Julien étaient différents : Émilie, une boule d'énergie, Julien était plus secret, il aimait la nature et se consacrait à son aquarium.

Mais vous sortiez quand même?

Oui, dans les dîners, les soirées, les concerts, à l'opéra...

Vous aimiez cela?

Beaucoup.

Beaucoup plus qu'aller écouter du jazz jusqu'à l'aube…

Ah, mais le jazz, ce n'était pas du tout mon truc, je n'ai jamais aimé !

J'aime les choses cadrées, formelles, j'aime le formalisme. J'aime les conversations qui n'en sont pas. Les gens du monde ont tout de même cela de très bien, c'est que, un, ils ne se plaignent jamais, deux, ils ne parlent jamais de choses importantes, et trois, ils n'évoquent pas leurs problèmes personnels.

C'est un usage de codes vides, de codes non-signifiants, mais des choses passent et des amitiés se nouent.

Ce qui me plaisait dans le monde, c'était une sorte de perfection.

Vous en parlez comme d'une figure esthétique !

Il y a de cela ! Mais je n'étais pas tout à fait dupe. On en plaisantait avec Gilles et Fanny. Le matin ils me demandaient de leur raconter mes soirées, ça les faisait rire !

C'est assez drôle, effectivement, on n'imagine pas Gilles Deleuze dans ce milieu.

Mais pas du tout. De temps en temps, il acceptait d'être invité, très rarement. Ce qui est curieux dans ces années-là, c'est que j'ai été ami avec des gens du monde, avec Gilles et Fanny, et en même temps avec Claude Pompidou. La relation avec des personnalités opposées ne m'a jamais posé de problème. Et plus tard, cela m'a servi dans mon travail.

Quels étaient les gens que vous voyiez à ces soirées ?

Il y avait des aristocrates de tous niveaux et là, je me sentais à l'aise. Il y avait les artistes, les officiels, toujours un ministre qui traînait par là, un directeur d'établissement public, un homme d'affaires et son épouse… Et tous ces gens se retrouvaient dans des dîners formels de huit à vingt personnes voire plus. Il y avait des concerts aussi. Je me souviens d'avoir écouté Richter dans un salon près de l'Étoile !

J'ai perdu toute ma jeunesse dans ces choses qui n'ont aucune importance, les mondanités.

Pourquoi étiez-vous invité ?

J'étais jeune, j'avais un peu de culture, j'étais souvent avec Eugénie de Brancovan. On retrouve le nom de ses ancêtres – Brancovan, Bibesco, Noailles – dans *La Recherche du temps perdu*. Inviter la petite-nièce d'Anna de Noailles et le neveu de Pierre Boulez, il y a quarante cinquante ans, ça faisait bien.

Des noms me reviennent, en particulier celui de Suzanne Tézenas. Suzanne était mécène, présidente du « Domaine musical » qu'elle avait créé avec les Renaud-Barrault, une grande dame, l'équivalent de ce qu'était Madame du Deffand au XVIIIe siècle. Dans son salon, où elle recevait chaque dimanche de dix-sept heures à vingt-et-une heures au plus tard, on parlait littérature, musique, théâtre. On pouvait y croiser André Pieyre de Mandiargues, Henri Michaux, la famille Supervielle, Yves de Bayser, des peintres, et même la reine d'Égypte.

Lucie Germain était également mécène. Elle avait fondé le Théâtre de Lutèce à Paris dans le 5e arrondissement, où se donnaient les premières des pièces de Dubillard et de Genet.

D'autres dames suivaient, comme Ethel de Croisset ou Hélène de Wendel. Certaines figures de ce milieu m'ont marqué : Claude Bernard, qui exposait dans sa galerie des œuvres de Giacometti, Balthus, Bacon, et qui est devenu mon ami le plus fidèle, celui qui m'a le plus donné. Henry-Louis de La Grange, qui connaissait par cœur les partitions de Mahler. Chaque été, dans sa maison d'Alzipratu en Corse, près de Calvi, il organisait un festival de musique classique. La journée, on entendait Alfred Brendel répéter Beethoven, Schubert…

Et puis Catherine de Croy, rencontrée grâce à Claude Bernard. Elle avait un grand château et organisait chaque 15 août un bal blanc ; elle invitait très large, sa famille recouvrant toute l'Europe. J'y retrouvais beaucoup d'amis.

On a l'impression que ce monde est un peu englouti…

Oui, complètement englouti, disparu, c'était un autre monde…

III

Une place parmi les vivants

À un moment donné le travail finit par arriver dans votre vie…

Le travail arrive par l'intermédiaire de Michel Guy, qui après avoir créé le Festival d'Automne était devenu secrétaire d'État à la Culture sous Giscard, en 1974. C'est Gilles qui m'a soufflé l'idée.

Il savait que je connaissais Michel Guy, car j'avais assisté au premier rendez-vous entre Pierre et lui. Michel était alors l'émissaire des Pompidou et était venu à Baden pour dire à Pierre : « Le président a le projet de faire un grand centre culturel, mais il voudrait qu'il y ait également de la musique, est-ce que cela vous intéresserait ? » Je me souviens très bien de ce rendez-vous.

Peu après, Michel Guy m'a demandé ce que je faisais. Je n'avais pas vraiment de travail. Il m'a dit qu'il verrait si quelque chose se présentait pour moi au Festival d'Automne. Mais rien ne s'est passé.

Gilles, voyant que ma situation ne pouvait plus durer, m'a dit : « Tu connais Michel Guy, adresse-toi à lui pour qu'il te trouve un petit job. » Michel Guy m'a fait recevoir par un directeur avec ce mot d'introduction : « Il faut que Pierre soit heureux. » C'est vrai que je n'avais pas la grande forme. Il avait senti quelque chose, une fêlure.

J'ai passé des entretiens et j'ai été pris au bureau des publications du ministère. J'étais chargé du *Bulletin d'information* et je faisais la revue de presse personnelle de Michel Guy : une sélection d'articles qui pouvaient l'intéresser du point de vue artistique et culturel. Je les enregistrais et il les écoutait le soir avant de sortir.

Son vœu a été exaucé, vous étiez heureux ?

Ah oui, j'étais vraiment heureux ! À 30 ans, j'avais enfin un travail qui me plaisait – être scribe m'a toujours plu –, un contrat avec le ministère de la Culture, ce qui était rassurant pour ma famille avec laquelle j'avais été si difficile, rétif. Avec Michel Guy, on se voyait de temps en temps, on échangeait sur les artistes du Festival d'Automne.

Le projet de Beaubourg suscitait des polémiques à répétition. Il était l'objet de vives tensions entre l'Élysée et Matignon. Giscard voulait rabaisser le bâtiment de trois étages. Jacques Chirac, son Premier ministre, très fidèle au président Pompidou et à son épouse, s'est mis en colère et a exigé de son ministre de la Culture qu'il mène à bien le projet initial.

À ce moment-là, sous Michel Guy, Jérôme Clément était chef du bureau du Budget, Catherine Tasca directrice de la Maison de la Culture de Grenoble, Alain Auclaire à l'Action régionale, Faivre d'Arcier à la Direction du théâtre et Véronique Cayla lançait le Fonds d'intervention culturelle.

Je les voyais à peine, hormis dans quelques réunions ; je n'étais pas énarque, n'avais pas passé de concours. Mais il y a eu des rencontres, comme celle de Jean-Claude Groshens. Après avoir été le directeur de cabinet de Michel Guy, il a été nommé président du Centre national des lettres, où il m'a fait venir pour m'occuper de l'aide aux revues littéraires.

Les revues – il y en avait plus de 150 – avaient un rôle prépondérant dans la vie intellectuelle, leur économie était très fragile même pour des titres connus. Le Centre attribuait des subventions pour leur permettre de subsister. Certaines étaient exclusivement consacrées à la poésie. Cela me passionnait.

J'y suis resté environ trois ans durant lesquels j'ai dirigé toutes les commissions d'aide à la création. J'ai lu, j'ai lu… et je me suis vraiment mis à travailler.

Et puis Jean-Claude Groshens a été nommé président du Centre Pompidou et m'a fait venir comme chef de cabinet. C'était un peu tactique parce que Pierre était, à ce moment-là, directeur de l'Ircam. De son côté Claude Pompidou était très attentive à l'avenir du Centre, et il savait que j'étais lié à elle.

En quoi consiste le métier de chef de cabinet ?

C'était un travail infernal.

Le Centre, à l'époque, employait 1 200 ou 1 300 personnes. Le chef de cabinet était chargé de la coordination entre les différents départements : le musée national d'Art moderne, la Bibliothèque publique d'information, le Centre de création industrielle, et l'Ircam. Il fallait coordonner la programmation de ces quatre départements, gérer l'agenda de la présidence et son courrier, mais également accueillir un ambassadeur, organiser un dîner et faire le plan de table, recevoir les syndicats, s'occuper de la sécurité…

C'était une fonction délicate, avec des gens de très haut niveau et une multitude d'intervenants de toutes les disciplines. Dominique Bozo était directeur du musée et Jean-Jacques Aillagon était son administrateur. Pierre Boulez, comme directeur de l'Ircam, était membre du conseil de direction.

Pendant toute cette période, j'ai été proche de Claude Pompidou, que j'avais rencontrée à la première de la *Tétralogie* de Boulez et Chéreau à Bayreuth en 1976.

Elle suivait les affaires du Centre, s'informant par mon intermédiaire.

Claude était aussi très attachée à Pierre, vraiment. J'étais donc parfois le go-between entre eux deux. Il ne fallait pas faire de faux-pas ! Ça a été beaucoup de tensions pour moi, ils étaient tous les deux tellement passionnés.

Pierre aussi était attaché à elle ?

Oui, incontestablement, il avait de l'affection pour Claude. Ce lien pouvait aussi lui être utile, pour l'Ircam, pour l'Ensemble intercontemporain…

Pourquoi était-ce une tension pour vous ?

C'étaient deux êtres que j'aimais beaucoup. Ils étaient tous les deux assez politiques, légèrement stratèges, mais ne faisant jamais souffrir. Ils se lançaient des messages par personne interposée, moi en l'occurrence. Claude, pour se rapprocher de Pierre, et Pierre, pour maintenir un lien fort avec le pouvoir afin de concrétiser ses projets comme la Cité de la musique et la Philharmonie.

• Pierre Boulez (Paris, 1953) •
© Coll. privée / DR

Claude Pompidou passait les messages ?

Et comment ! Elle était d'une loyauté absolue.

Elle aimait les artistes et les invitait régulièrement à dîner chez elle, quai de Béthune. Les dîners étaient brillants, Claude recevait merveilleusement bien, sa simplicité mettait en confiance, elle était chaleureuse. Elle s'astreignait à recevoir des politiques aussi. Le président de la République, quel qu'il soit, venait une fois par an, le Premier ministre également.

Claude Pompidou tient une place particulière dans votre vie, vous avez une grande photo d'elle dans cette pièce où vous vivez...

Nous éprouvions l'un pour l'autre une véritable amitié. Elle était tellement claire, sa parole était directe, spontanée. Je n'arrive pas à dire sa profondeur, ce qui la faisait si singulière. Elle était généreuse, attentive, dans la bonté, profondément croyante, mais ce n'était jamais envahissant.

Voisins dans l'Ile Saint-Louis, nous dînions en tête à tête, j'étais comme une sorte de confident. Elle savait que le mystère des gens, leurs secrets, ce n'est pas mon histoire.

J'aimerais revenir sur votre quotidien chez les Deleuze. Maintenant vous travaillez beaucoup, quelle est votre place ?

Je rentrais tard du Centre Pompidou, j'étais un peu l'homme du week-end. Fanny travaillait chez Agnès b. et Gilles écrivait *Mille Plateaux* qui est une somme énorme, un ouvrage qui l'a épuisé.

• Pierre Boulez et Claude Pompidou (2005) •
© Coll. privée / Stéphane Boulez

• Avec Gilles Deleuze au Mas-Revéry, un des lieux d'écriture de *Mille Plateaux* (Saint-Léonard-de-Noblat, 1993) •
© Coll. privée / DR

Fanny tapait ses manuscrits, je les lisais parfois. À la fin, lorsque Jérôme Lindon avait tout en main, Gilles ou Fanny mettait à la poubelle les centaines et centaines de pages manuscrites. C'était ainsi pour chaque livre. Il a dû rester un seul manuscrit, celui consacré à Beckett, *L'Épuisé*.

Félix Guattari venait une ou deux fois par semaine à la maison pour travailler, il était psychiatre analyste à la clinique Laborde et passait tous ses mercredis et jeudis à Paris.

Vous savez, c'était une vie sans histoires. Le week-end, je m'occupais un peu plus de la maison. Gilles et Fanny allaient au cinéma.

Vous vous occupiez toujours des enfants ?

Oui, mais dans les années 1980, ils étaient devenus indépendants.

Comment s'achève cette vie chez les Deleuze ?

Après deux ans et demi au Centre Pompidou, Alain Auclaire, devenu Secrétaire général du Centre national de la cinématographie, m'appelle pour mettre en œuvre une politique d'aide à la production pour les courts et les longs-métrages. J'ai commencé à essayer de faire ce que l'on attendait de moi. Mais au bout d'un mois, je ne savais plus compter, même pas la monnaie pour acheter les journaux. Je lisais avec difficulté, je devenais confus, incapable de me concentrer. Je marchais, c'était la seule chose qui me soulageait. J'allais du CNC jusqu'à la place Clichy à pied, puis je marchais dans notre quartier. Je ne pouvais pas rester dans ma chambre.

Un jour, j'ai éclaté en sanglots. Gilles m'a vu et m'a dit : « Pierre, un jour il faudra que tu parles. »

Effondrement total, internement d'urgence au Kremlin-Bicêtre, au secret pendant quinze jours.

Au secret ?

Pas de visite, pas de téléphone, coupure avec l'environnement, médicaments, « cure de sommeil » comme on disait à l'époque.

Vous aviez eu des troubles annonciateurs ?

J'ai toujours été rêveur, solitaire, ressentant souvent un doute de vivre en moi, une absence.

C'étaient les deux ans et demi très éprouvants à Beaubourg qui vous avaient mis dans cet état ?

Ça, et d'autres choses. J'étais bourré de contradictions, de problèmes non résolus et, en plus, en plein milieu de la vie : j'avais trente-huit ans !

C'est comme si toute cette vie sociale décuplée par l'absence de vie privée, avec des intensités différentes, aussi bien dans des choses frivoles comme les mondanités, les bals blancs, que dans des choses plus intenses, plus profondes – vos rapports avec Pierre, Claude Pompidou, les Deleuze, votre famille –, avait éclaté.

À un moment, on lâche, on ne peut plus physiquement, mentalement non plus. C'était trop, trop d'intensités, trop d'affects. Et puis, je ne savais plus où j'allais.

Pour reprendre une expression chère au quiétisme et à Madame Guyon, j'ai momentanément observé un « devoir de repos ».

Ça a été une façon de ne plus vouloir vivre ce que j'avais vécu, d'être un peu mort, et aussi de m'éloigner du cercle intime.

Ce qui est curieux chez vous, c'est que l'amour a pris une forme très particulière, qui n'est pas la forme habituelle.

Qui n'est pas la forme binaire.

Oui, c'est autre chose.

J'ai été assez vite conscient que je ne pouvais pas avoir la même vie que les amis de mon âge ; j'aimais la multiplicité des gens, des sentiments, mais cette multiplicité je ne pouvais plus la vivre. Elle me désintégrait. Je n'avais plus d'unité, plus d'identité.

Au bout de quatre semaines d'hospitalisation, dans quel état êtes-vous ?

J'ai décidé de partir dans un endroit que j'avais beaucoup aimé, où mes parents nous emmenaient l'été, sur la presqu'île de Giens, à l'hôtel Provençal. C'est là que j'avais lu, l'été de mes dix-sept ans, *À l'ombre des jeunes filles en fleurs*.

J'y suis allé en convalescence pour récupérer. J'étais bien drogué ! Et puis, mes parents m'ont proposé de venir me voir. Je leur ai offert un repas, un loup de mer au fenouil, je m'en souviens. Ce fut un moment très heureux, comme une réconciliation. Pourtant il n'y avait pas eu de guerre.

C'est après l'internement que vous décidez de ne plus vivre chez les Deleuze ?

Ça m'a semblé évident à ce moment-là, il fallait que je quitte l'appartement. Ce n'était pas possible à mon âge de vivre encore sous le toit de quelqu'un.

Est-ce le fait de sentir que vous deviez les quitter qui a déclenché la dépression ?

Non, car avant l'internement, il n'en avait jamais été question entre nous. Quand Gilles est venu me voir à l'hôpital il m'a dit : «Tu me diras si tu veux partir, si ce serait bien pour toi»...

Vous sauriez dire ce qui a changé en vous pendant toutes ces années passées chez les Deleuze ?

C'est difficile de répondre.

Au niveau de la pensée, je ne sais pas.

Je suis insensible aux idéologies, aux courants, aux croyances, et je ne suis jamais arrivé à articuler une pensée. Pour moi, la seule pensée qui existe est celle des autres.

Gilles et Fanny ne jugeaient pas. Gilles essayait toujours de comprendre. Il avait une grande capacité à assimiler ce que disaient les autres, à être attentif à la vie, et en ce sens si différent des créateurs, jamais refermé sur lui. Jamais une plainte, et Dieu sait s'il était vulnérable.

Les Deleuze ont changé ma vie. Ils l'ont… comment dire… embellie. Je n'étais pas le même en partant qu'en arrivant.

IV

Toutes ces belles promesses

Vous dites que pour vous, seule existe la pensée des autres, mais ce qui m'a souvent frappé c'est justement la puissance de votre pensée, qui a guidé de nombreux artistes…

J'ai été beaucoup plus sensible, même hypersensible, qu'intelligent. Au fil de ma vie, c'est avec la sensibilité que j'ai travaillé. C'est un travail qui vient du regard, de l'ouïe, de tous les sens, mais pas du cerveau. Il y a du vide en moi, mais ce vide m'a aidé à être en relation avec le «plein» des autres. J'ai toujours eu cette impression d'avoir le sens de la surface, plus que de la profondeur, de l'oubli plus que de la mémoire.

Et vous aimez l'action ?

Je me suis forcé à l'aimer et souvent remis en question pour continuer à avancer. J'aurais pu rester au Centre national des lettres en étant chef de bureau, chef de division, secrétaire général adjoint, etc. J'appréciais le rapport direct que j'avais avec les auteurs, les éditeurs, mais je n'allais pas rester là toute ma vie. Ça a été pareil pour le Centre Pompidou, le Centre national du cinéma et Arte. Souvent, je commence par reculer. Quand Jérôme m'a proposé de le rejoindre à Arte j'ai refusé, heureusement il est revenu à la charge une année plus tard et j'ai accepté. J'ai accepté pour avancer, pour ne plus être à la même place. Je dois beaucoup à l'insistance de Jérôme. À l'époque personne n'aurait parié un kopek sur moi. Quelque chose me plaisait aussi : après avoir travaillé exclusivement dans des Centres – Centre national des lettres, Centre Pompidou, Centre national du cinéma – je me disais que je quittais enfin le centre pour la périphérie !

Vous aviez de l'ambition ?

J'avais une ambition cachée, mais certaine. L'ambition de « faire » enfin… J'ai toujours été obsédé par l'action, parce que je ne suis pas du tout comme ça. L'action pour moi a toujours été un effort. Faire a été un effort. Là aussi Pierre a été déterminant. Si j'ai été comme cela, c'était pour ne pas décevoir mon oncle.

Pendant cette période des années 1970, vous êtes au cœur de la culture. Il y a la proximité de votre oncle, votre travail avec Michel Guy, le Centre national des lettres et Beaubourg. Vous êtes un observateur privilégié de ces années-là. Vous alliez beaucoup au spectacle ?

Oui, tantôt avec mes amis, avec ma famille, plus rarement avec Gilles et Fanny.

J'aimais beaucoup le théâtre : le Living Theatre, les pièces de Beckett et Genet, Kantor, Chéreau. Tout cela a aiguisé mon regard. Toute ma vie j'ai aimé les créateurs, parce qu'ils sont dans l'exceptionnel et la différence.

Ça a commencé quand j'étais très jeune. Déjà, par les peintres que je découvrais dans des petits opuscules consacrés à Paul Klee, Pollock, Modigliani, Mondrian. Plus tard j'ai voulu poursuivre mes découvertes en allant aux expositions, aux concerts. Le monde des notables, des affaires, ne m'intéressait pas. Mais l'art, les créateurs, ceux qui faisaient, osaient, là j'étais baba. Je suis né avec de l'admiration et de l'intérêt pour tout ce qui n'est pas la vie courante.

Quelles figures de cette époque vous ont marqué ?

Au théâtre, il y avait tous les grands : Roger Blin, Bob Wilson, Ariane Mnouchkine, Peter Sellars, Patrice Chéreau, Luca Ronconi, Peter Brook.

Le Living Theatre m'impressionnait, c'étaient des spectacles ahurissants – le public était pris à partie.

Est-il vrai que vous avez soufflé à votre oncle le nom de Patrice Chéreau pour mettre en scène le* Ring *?

Pas tout à fait. Au milieu des années 1970, Pierre passait beaucoup de temps à l'étranger mais s'informait par mon intermédiaire de ce qui se passait en France. J'avais déjà vu des mises en scène de Chéreau, notamment *Richard II*, *Massacre à Paris*, *La Dispute*, c'étaient des spectacles extraordinaires, et je le disais à Pierre qui me répondait : « J'ai lu une interview, c'est pas très brillant, je le trouve un peu prétentieux. »

Mais je pense que c'était resté dans un coin de sa tête. Le premier à qui j'ai parlé de cette idée était Michel Guy, qui m'a rabroué :

«Vous n'y pensez pas, Patrice est beaucoup trop classique.» Ensuite, je crois en avoir parlé à Pierre au téléphone. Je le voyais peu à ce moment-là. Il dirigeait beaucoup à Londres et à New York. Je lui parlais et ma mère transmettait aussi très fidèlement à Pierre la teneur de nos conversations, ce que je pensais de tel livre ou de tel spectacle. Elle avait vu le travail de Chéreau avec moi à l'Odéon.

Je ne sais plus si l'idée de Chéreau pour la *Tétralogie* je l'ai dite à Pierre ou si on la lui a répétée, mais elle n'est pas tombée du ciel, je ne crois pas qu'il avait vu un seul spectacle de Chéreau avant Bayreuth.

Le nom de Chéreau est donc suggéré à Pierre Boulez et c'est l'aventure du* Ring *qui commence…

J'étais alors très proche de Richard Peduzzi que j'avais rencontré par Claire Parnet. Nous sommes allés à Rome voir le rocher de Brunehilde qu'il venait de construire.

J'ai assisté à quelques répétitions d'orchestre à Bayreuth, mais j'ai réellement découvert la *Tétralogie* Boulez-Chéreau-Peduzzi lors de la première. Nous étions assez nombreux à nous y rendre : Eugénie, Fanny, Claire, Jean-Pierre Biron, plein de gens de Paris. Claude Pompidou était venue avec sa nièce.

Et ça a été un choc.

À ce moment, la notoriété de Chéreau est déjà grande ?

En France, mais pas en Allemagne. Il avait fallu du courage à Wolfgang Wagner pour suivre l'idée de Pierre.

• Dîner chez Claude Pompidou. De gauche à droite :
Patrice Chéreau (de dos), Daniel Barenboim, Pierre Boulez,
Claude Pompidou, Paul Sacher et Luciano Berio •
© Coll. privée / DR

Vous avez tout de suite compris la réussite de cette* Tétralogie *?

Tout de suite. Je ne connaissais presque pas la *Tétralogie* mais ensuite, chaque été quand je retournais à Bayreuth, je relisais le livret. Je trouve les livrets de Wagner magnifiques.

Quel rapport aviez-vous avec Chéreau pendant ces cinq années ?

Amical sûrement, distant aussi. Il y avait un lien d'amitié, car Patrice savait que je le défendais. Il savait qu'il pouvait compter sur moi pendant les moments de tension. C'était le cas en 1976 car tout n'était pas trouvé au niveau de la mise en scène et des décors. J'échangeais avec Richard, moins avec Patrice. Et puis, Patrice avait des moments d'angoisses terribles. Il pouvait s'enfermer, on ne le voyait plus.

Est-ce l'accueil du public qui le tourmentait ?

Les réactions du public, celles de la presse allemande qui a été très virulente, les menaces de mort qu'il a reçues, tout cela, il en faisait son affaire. Simplement, il voulait toujours faire mieux. Il avait des doutes sur la *Walkyrie* qui a été modifiée plusieurs fois. Pour *L'Or du Rhin*, il n'y a pas eu trop de problèmes me semble-t-il. C'était plutôt sur *Walkyrie* et *Siegfried*, qui étaient très difficiles à faire émerger au second et dernier acte. *Siegfried* est difficile tant pour la direction d'orchestre que pour la mise en scène. Patrice et Richard avaient pris le parti d'être figuratifs. Leur vision était à l'opposé de celle de Wieland Wagner, épurée, toute en feux de lumière.

Votre oncle a aimé cette mise en scène ?

Il ne se prononçait pas, mais je crois qu'il l'aimait beaucoup. Il disait simplement qu'il travaillait bien avec Chéreau.

Pierre n'a jamais été prodigue en compliments. C'était sa nature.

À vous non plus, il ne disait pas s'il aimait la mise en scène ?

Non. Il parlait de tel ou tel point, lorsque la dramaturgie lui semblait correspondre à la partition. Il faisait valoir mais rarement prévaloir son point de vue.
Pour *Pelléas et Mélisande*, Pierre avait beaucoup discuté avec Peter Stein car ils étaient en désaccord sur la fin. Quand Mélisande meurt, tout le décor s'ouvrait selon le souhait de Stein : on voyait la mer, l'horizon. Pierre voulait au contraire que le décor se referme comme un cercueil sur la dépouille de Mélisande. À la reprise, Peter Stein a tenu compte de son avis, le décor ne s'ouvrait plus.

Pierre communiquait souvent avec nous en évaluant, et même quand je lui disais par exemple :« Ce livre est très beau », il répondait « Non, il est intéressant ».

Il avait de la difficulté à dire ce qu'il aimait. Reconnaître la beauté lui paraissait impudique.

La* Tétralogie, *la première année ce sont des huées à chaque représentation…

Oui, et des bravos aussi. La mise en scène a complètement divisé, l'interprétation vocale et musicale un peu moins.

Dès la générale, il y a eu un vif incident avec un chanteur – une basse – qui était excellent dans *Le Crépuscule*, et à mon avis à moitié nazi. Du plateau, il a menacé Pierre avec sa lance au deuxième acte, parce qu'il n'était pas d'accord avec les tempi. À la fin de la représentation, Pierre va voir Wolfgang Wagner et lui dit : « Si je n'ai pas d'excuses écrites et publiques, je ne dirige pas la *Tétralogie*. » Wolfgang a pu obtenir de ce chanteur très connu une lettre d'excuses que Pierre a fait afficher dans tout le Festpielhaus, et il a dirigé.

À la première, pour la mort de Siegfried dans *Le Crépuscule*, le public a hué violemment en voyant que Siegfried allait mourir devant le barrage de *L'Or du Rhin*. Les gens avaient des tourniquets pour interrompre. Vous imaginez ! La marche funèbre de Siegfried, c'est splendide, très progressif. Il y avait tellement de bruit et de sifflets que Pierre n'entendait plus rien. Il n'entendait plus les chanteurs, plus l'orchestre. Les chanteurs n'entendaient plus l'orchestre non plus. Ça a duré trois minutes environ, mais Pierre a continué à diriger dans le vide.

Quand les sifflets et les tourniquets se sont arrêtés, il est retombé exactement à la mesure où il devait être, comme s'il n'avait jamais été perturbé. Les huées, à la fin du *Crépuscule*, c'était effrayant, mais Chéreau et Boulez ont été absolument solidaires, ce qui n'était pas le cas de l'orchestre qui a refusé de saluer. Certains musiciens n'étaient pas d'accord avec l'interprétation de Pierre qui avait beaucoup insisté sur l'aspect « musique de chambre » de Wagner. Mais ils ont fini par accepter sa vision de l'œuvre.

Vous avez vu les représentations chaque année, vous avez donc vu au fur et à mesure cette* Tétralogie *s'imposer ?

Je l'ai vue quatre fois et la dernière année, ça a été triomphal.

Dans le dernier cycle, autour du 15 août, tout était parfait, la mise en scène, les décors, les chanteurs qui étaient devenus des acteurs grâce à Chéreau, Gwyneth Jones était sidérante : plus d'une heure d'applaudissements, et près de cent levers de rideaux !

V

L'ÂGE DES POSSIBLES

Nous avons parlé de musique, de littérature, de théâtre mais pas encore de cinéma… Quelle place tient-il dans votre vie à ce moment-là ?

À Roanne et Lyon, j'y allais peu, sauf au ciné-club des Pères où je me souviens avoir vu *Le Journal d'un curé de campagne*, *Thérèse Desqueyroux*, et plusieurs Chaplin. En revanche, quand je suis arrivé à Paris à vingt-et-un ans j'y suis beaucoup allé, les salles du Quartier latin étaient très accessibles, ce n'était pas cher, trois ou quatre francs, et c'était le début des « permanents ». Je suivais de très près toute la Nouvelle Vague, je ne loupais jamais un film de Godard. J'étais moins assidu pour Truffaut. C'était la découverte des cinémas d'Europe centrale et orientale : Jancso, Milos Forman, Vera Chytilovà… Le cinéma italien était souverain à ce moment : Bellochio, Pasolini, Fellini, Visconti… Le Cinema Novo apparaissait, Glauber Rocha en particulier. Je me souviens aussi de projections de films de Carmelo Bene, Kenneth Anger.

J'avais un peu honte d'aller au cinéma, pour moi on allait au cinéma quand on avait bien fait, comme une récompense, alors que je menais une vie de paresseux.

À cette époque, si on m'avait dit que je travaillerais dans le cinéma, j'aurais dit : certainement pas, ce n'est pas un travail, c'est un plaisir, c'est trop beau !

Et pourtant le CNC vous propose un travail.

Dans un premier temps, celui-ci consistait à gérer les aides au court-métrage. De 1983 à 1991, j'ai dû en visionner plus de 300 par an. Cela m'a passionné. Dans un court-métrage, même approximatif, il y a presque toujours une idée, un trait de jeunesse. Les sujets étaient souvent audacieux, plus que dans les longs-métrages.

Les commissions de court-métrage étaient composées de comédiens, producteurs, techniciens et réalisateurs, tous plutôt jeunes. C'est à ce moment que j'ai fait mes premières belles rencontres dans le domaine du cinéma : Coline Serreau, Anne Wiazemsky, Alain Rocca, Jean-François Lepetit, Nella Banfi. Les délibérations pouvaient durer jusqu'à une ou deux heures du matin.

Puis j'ai créé le service des aides sélectives qui regroupait les aides au court-métrage, et l'avance sur recettes jusqu'alors dépendante d'un autre organisme, l'Office de création cinématographique.

C'était devenu beaucoup plus lourd : un budget conséquent, un milieu très professionnel, des avis qui pouvaient être décisifs pour la carrière d'un cinéaste. Parfois aussi une réelle pression. Là encore je regardais beaucoup de films.

Il a aussi fallu mettre en musique toutes les aides initiées par Jack Lang : Aides au développement, Aides à l'écriture, Fonds sud avec le ministère des Affaires étrangères, Aides à la musique de films, Fonds d'aide aux coproductions avec l'Europe centrale et orientale.

Vous vous plaisiez au CNC ?

Oui et non. Non parce que j'avais l'impression d'être un bureaucrate, oui parce que les rencontres ont été déterminantes. Quand je suis arrivé à l'avance sur recettes, le président était Jacques Perrin, un type absolument généreux, ayant un rapport totalement décomplexé avec l'argent. Avec le producteur Adolphe Viezzi, je ne me suis pas entendu, mais en revanche avec Christian Bourgois, ça a été formidable. Nous avons travaillé deux ans ensemble. C'était un être remarquable, d'une culture fabuleuse, humainement d'une rare délicatesse. Sa mort a été un vrai chagrin.

Isabelle Adjani fut nommée en 1987. Isabelle, c'était « Éthique et Esthétique ». C'est une des personnes les plus attachantes que j'ai jamais rencontrées. Son intelligence, sa perception, allaient droit au cœur des êtres et des choses. C'était un bonheur de travailler avec elle, elle lisait tous les scénarios, regardait tous les films. On a passé ensemble des moments exemplaires, le plus marquant étant lorsque nous sommes allés en Algérie fin octobre 1988.

Lors de la révolte étudiante, nous sommes partis un soir à Alger – où elle n'était jamais allée – avec le président de Médecins sans frontières. Nous avons rencontré des défenseurs des droits de l'homme, des militants qui étaient contre le régime, et des associations de femmes qui, elles seules, commençaient à parler d'islamisme. Nous sommes allés dans les amphithéâtres, les hôpitaux, dans la banlieue d'Alger.

Isabelle était infatigable, avec une force physique étonnante. Elle a été courageuse car elle a été attaquée. Des islamistes en haut des amphis la reconnaissaient et la traitaient de tous les noms, l'interrompant, l'insultant. Ça a failli mal tourner, nous avons dû sortir protégés. Le troisième jour, un type du gouvernement nous a fait comprendre que nous étions indésirables. Nous avons pris l'avion sous protection, marqués par les gens qui souffraient, l'absence de médicaments pour soigner les nombreux blessés. Isabelle avait admis la présence d'un photographe qui faisait des petites vidéos, et ce type en revenant a vendu des images à Canal +, sans son accord. Isabelle a exigé un peu naïvement que toutes les images lui soient rendues, mais c'était trop tard, elles avaient été diffusées.

J'ai revu Isabelle après l'Algérie, puis nous nous sommes perdus de vue, je le regrette.

Après Isabelle, il y a eu Denis Château et enfin Françoise Giroud que j'avais croisée quand elle était secrétaire d'État à la Culture, mais c'est au CNC que j'ai vraiment fait sa connaissance. Elle m'a appris à mieux lire, mieux travailler, être plus exact. Elle était la rigueur même, toujours tirée à quatre épingles. J'ai revu Françoise, jusqu'à sa mort. Nous sortions ensemble pour les concerts et les expositions, déjeunions en tête-à-tête le dimanche.

Et puis il y a eu Bernard-Henri Lévy et là, ça m'a fait un choc. Il y avait eu un contentieux important entre Gilles et Bernard. Le moins qu'on puisse dire, c'est qu'ils ne s'appréciaient pas. Pour Gilles, les nouveaux philosophes cassaient le travail de la pensée ; il a fait paraître dans *Le Monde* un article implacable.

J'avais déjà fait la première session d'Avance sur Recettes avec Bernard quand Jérôme Clément, qui avait quitté la direction du CNC pour présider Arte, m'a proposé de le rejoindre pour créer l'unité Fiction. J'avais refusé l'année précédente parce que je ne voulais pas imposer la décision de mon départ à Françoise Giroud. Mais Jérôme a été très convaincant, et à quarante-cinq ans j'ai accepté sa proposition en me disant que cela tombait bien.

Que signifiait créer l'unité Fiction ?

Le but de Jérôme était de créer un département Fiction en scindant le département existant, dirigé par Georges Goldenstern, en deux entités. Jusque-là, un seul département regroupait le cinéma et la fiction télé. La scission s'est faite, et Georges, qui est une personne adorable, a facilité la transition. Il s'est consacré à la filiale cinéma avec succès puisqu'il a financé les premiers films d'Arnaud Desplechin, Pascale Ferran, Mathieu Kassovitz…

Au début, j'ai beaucoup pataugé ! À part *Les Secrets de la mer Rouge* je ne connaissais rien à la télévision. J'avais la responsabilité directe d'un budget, supervisé bien sûr par un directeur général et par le directeur des programmes André Harris. Pendant un an ça a été difficile. Tout un tas de décisions avaient déjà été prises, notamment la production d'un projet développé par Pierre-André Boutang, « Histoires russes », l'adaptation pour la télé de nouvelles d'écrivains russes ou soviétiques. Je me suis donc retrouvé à Leningrad – quand Boris Eltsine était au pouvoir – avec les responsables du studio pour concrétiser cet engagement. Ce n'était pas simple, il régnait une sorte de chaos et l'atmosphère était très tendue. Avec Guy Seligmann, le producteur, nous sommes allés huit fois en Russie, ce qui m'a permis de découvrir mon métier… et de visiter l'Ermitage de long en large !

J'ai appris à finaliser les scénarios, à voir ce qui pouvait être fait dans le cadre des enveloppes budgétaires, à discuter avec les producteurs délégués, les techniciens. Et puis à ce que les budgets soient tenus et bien utilisés, la corruption n'étant jamais loin.

Cette production m'a formé. Les studios de Leningrad, c'est une belle tradition.

Qui réalisait ?

Sept réalisateurs, russes, parmi lesquels Pavel Tchoukrai.

C'était l'adaptation d'œuvres importantes ?

Non, plutôt mineures. C'était plus des nouvelles que des romans.

Ça a été ma première expérience en arrivant à Arte. La seconde qui m'a aussi beaucoup appris a été de travailler avec Paulo Branco, une des personnes les plus originales et les plus fantasques rencontrées au CNC.

Il était dans les commissions ?

Non, Paulo est un producteur qui se méfiait beaucoup des commissions. Il venait, il demandait, et il hurlait quand il n'avait pas. C'était un drôle de loustic. Il m'a toujours amusé, mais les directeurs du CNC ferraillaient souvent avec lui.

Paulo avait eu l'idée banale, mais jolie, de faire un ensemble de films sur les quatre éléments, l'eau, le feu, l'air et la terre. À l'époque, en 1991, le Portugal était naufragé du point de vue cinématographique et télévisuel. Paulo avait l'argent d'Arte et jonglait avec, en faisant de bons choix de production. Nous échangions beaucoup sur les tournages.

Les quatre films se tournaient au Portugal ?

Oui. Ça a été assez comique avec Monteiro. Il était chargé de faire le film sur le thème de l'eau. Son projet était très drôle. Monteiro avait tourné ce qu'il voulait avec Fabienne Babe et m'a présenté un film d'à peu près cent-dix minutes. J'ai demandé à ce qu'il fasse une version plus courte correspondant à la commande, il a été difficile de le convaincre, Monteiro à l'époque était, avec Oliveira, LE cinéaste portugais.

Il y a donc eu des discussions et j'ai exigé à Paris un montage de soixante minutes, quitte à ce qu'une version plus longue soit exploitable au Portugal. Je me souviens d'un déjeuner avec Paulo et Monteiro au restaurant du Hameau dans le 16e arrondissement, face au pont Mirabeau. Monteiro était ivre de rage devant mon exigence, Paulo s'en est mêlé, ils sont sortis et se sont battus. Je suis resté inflexible. Dans ce film, il y avait deux scènes où Fabienne Babe dansait sur *Salomé* de Strauss. Il y avait une séquence sans musique et une avec musique, et il voulait absolument garder les deux, ce qui rallongeait tout de même pas mal le film. Je lui ai proposé une solution qu'il a bien été obligé d'accepter puisque sa version pouvait exister au Portugal : garder la danse sans la musique. Il a été tellement stupéfait qu'il s'est mis en colère et a planté son cigare dans mon fraisier !

Avant que l'on reparle de votre travail, notamment des collections que vous avez initiées, j'aimerais revenir sur la création d'Arte. Cette chaîne naît* ex nihilo *pour être consacrée à la culture, c'est un vrai geste. Vous pourriez expliquer ce moment bien particulier ?

Pas tout à fait *ex nihilo* ! François Mitterrand, dès la deuxième moitié des années 1980, avait affirmé l'idée d'une chaîne culturelle et européenne, estimant que le paysage audiovisuel français – le Paf comme on disait – était devenu médiocre et confus par l'émergence d'opérateurs privés tels que la Cinq, M6, et la privatisation de TF1. La Sept (Société d'Edition de Programmes de Télévision) a donc été créée en association avec France 3, Radio France et l'Ina. Bernard Faivre d'Arcier en était le responsable.

François Mitterrand et le chancelier Kohl avaient noué d'excellentes relations. Au fil du temps et des sommets franco-allemands, s'est forgée l'idée d'une chaîne culturelle franco-allemande, tremplin d'une chaîne européenne visant à favoriser « la compréhension et le rapprochement des peuples en Europe ».

En 1991, au terme de nombreuses négociations menées avec succès par Jack Lang et Catherine Tasca, la chaîne est créée avec un siège central à Strasbourg, chargé de la diffusion, et deux pôles paritaires d'édition : La Sept/Arte qui deviendra Arte France, et Arte Deutschland. Jérôme Clément est alors nommé président d'Arte, Association Relative à la Télévision Européenne.

J'avais connu la Sept par Michel Guy et par le CNC qui m'envoyait à certaines réunions de programmes. Ces réunions étaient étourdissantes, des débats au sommet. Il y avait Yves Jaigu, Pierre-André Boutang, Georges Duby, Anatole Dauman, et Pierre Boulez.

Une fois par semaine, certains programmes étaient diffusés dans une « fenêtre » sur France 3.

La Sept, j'en entendais donc beaucoup parler et ce projet, sous l'influence remarquable de Duby, était une utopie formidable. La chaîne au début était plus du côté de la connaissance, de la civilisation et de la culture que de l'art. La fiction n'était pas envisagée. Le cinéma, oui, mais pas la fiction, pas le téléfilm. Le téléfilm était un genre considéré comme mineur, plutôt vulgaire malgré les réussites de la SFP avec l'école des Buttes Chaumont.

Au début, Arte a été assez mal vue, surtout quand la diffusion a commencé à partir de septembre 1991. Il y a eu deux ou trois ans d'éreintements de la part de la classe intellectuelle dirigeante, Bernard Pivot en tête, de la droite et de quelques personnalités de gauche !

Que disaient-ils ?

Que c'était nul, que c'était un ghetto, que c'était le plaisir de quelques-uns pour quelques-autres, que c'était beaucoup d'argent pour rien. Ça m'a rappelé les batailles au moment de la création du Centre Pompidou ou de la Pyramide du Louvre. *Le Figaro* était vent debout.

Quelle était l'ambiance d'Arte au début ?

Une ambiance de travail forcené. Il y avait bien sûr Thierry Garrel, qui était le grand tuteur de cette chaîne à partir de son expérience à l'Ina. Il avait en plus une éloquence remarquable, une perception du réel tout à fait nouvelle.

Il y avait Guillaume Grosnier, qu'on connaît moins et qui avait en charge les spectacles, la musique ; André Harris, un très grand monsieur qui avait coréalisé *Le Chagrin et la Pitié*, était directeur des programmes ; Hélène Mochiri qui a fait découvrir de nombreux cinéastes de tous les continents. Mais le documentaire était primordial, il drainait toute l'attention, et surtout celle du public ; l'audience de la fiction n'était pas bonne. Nous étions tous passionnés, emportés, excessifs. Jérôme a été d'une patience

• Avec Thierry Garrel au Festival international
de programmes audiovisuels (1996) •
© Coll. privée / Fabienne Servan-Shreiber

inimaginable. Il gardait le cap, aplanissait les conflits avec la centrale de Strasbourg et le pôle allemand.

Les relations entre les deux pôles n'ont pas toujours été faciles. On a eu de vrais conflits éditoriaux. Peu à peu, l'organisation de la chaîne est devenue plus sophistiquée et Arte Deutschland a joué un rôle essentiel.

Il faut préciser que chaque projet proposé par Arte France est soumis à une conférence de programmes dans laquelle Arte Deutschland donne son avis. Sans l'approbation d'Arte Deutschland rien ne peut se faire.

Le fonctionnement d'Arte est typiquement « européen », pour le meilleur et parfois le pire. C'est comme une fusée à étages : pour un projet que présentait l'unité, il y avait cinq étapes à franchir. D'abord, le comité de lecture composé de Florence Malraux, Jean Bernard Pouy, Jean Collet, Christine Juppé Leblond, Véronique Cayla – en général ça se passait bien –, puis l'Intercommission avec présentation des projets devant la direction composée de Jean Rozat, directeur général et du directeur général adjoint, Michel Anthonioz. Puis, présentation à la Commission de programmes d'Arte France, présidée par Jérôme Clément, nouveau filtre. Là, chaque directeur d'unité de programmes devait légitimer à nouveau ses propositions. Il arrivait qu'on se fasse sèchement rabrouer et en même temps, on ne s'empêchait pas de répliquer. Jérôme appelait cette commission la « fosse aux lions ». Enfin, présentation à l'unité Fiction d'Arte GEIE à Strasbourg, dirigée par Andreas Schreitmüller.

Andreas avait pour mission de coordonner les lignes éditoriales des deux pôles, Arte Deutschland et Arte France, et de présenter les projets à la conférence des programmes de Strasbourg en faisant part de son avis – favorable, défavorable ou ajournement. La conférence décidait souverainement, c'était une sorte de « Cour suprême ».

Comment coordonner tout ça ?

Délicat, en effet. La fiction en France était très résiduelle par rapport à l'Allemagne. Les modes de production étaient différents, les budgets et les castings aussi. Avec Andreas Schreitmüller, nous avions des divergences, mais je lui dois beaucoup finalement. Nous étions certes différents, en termes de goût et de sensibilité. Andreas très responsable, prenant en compte l'audience, et moi, plutôt arrogant, parisien, dernier cri. Ça m'a un peu usé, mais c'était très stimulant.

Maintenant qu'on a vu le chemin de croix que représentait le processus de décision à Arte, revenons aux projets que vous mettez en œuvre à votre arrivée.

Il fallait que j'imprime une ligne éditoriale à la fiction du pôle français. Au début tout le monde pensait que ça allait être un peu ce qui existait ailleurs, une télévision consensuelle.

Thierry Garrel m'a soutenu, en me donnant, avec Guillaume Grosnier, un conseil essentiel : « Pierre, il faut que tu trouves un dispositif. »

Et puis très tôt, les réalisateurs que j'avais connus au CNC, les producteurs, m'ont appelé. Ils étaient curieux de ce que nous allions faire.

Vous aussi vous alliez vers les gens de cinéma ?

Oui, et c'était d'ailleurs ce que m'avait demandé Jérôme. J'ai présenté des projets qui ne ressemblaient pas à des téléfilms, mais plus à des films d'auteurs. À cette époque, la télévision était vraiment celle des producteurs. Les responsables de chaînes discutaient, négociaient, entreprenaient exclusivement avec les producteurs de télévision. Les réalisateurs venaient après, même après le casting. Il y avait les producteurs, le casting et les réalisateurs. Et avant le réalisateur il y avait aussi le scénariste. C'était la télévision française, et en Allemagne c'était pareil à une échelle industrielle…

Les producteurs de télévision faisaient pression pour signer avec vous des heures de programmes ?

Oui, des projets avec des héros récurrents, des séries et des unitaires pour une diffusion familiale. La pression était forte et je me suis dit que ça allait nous perdre, qu'il fallait qu'Arte ait une fiction différente, très identifiée. C'est pour cela que j'ai très vite mis en œuvre un « dispositif » en développant deux collections.

• Paris, 1996 •

© Coll. privée / DR

VI

Beau travail

Comment naissent les premières collections* ?

Après « Histoires russes » et « Les Quatre éléments », je me disais qu'il fallait une accroche avec des réalisateurs français. Nous recevions par la poste entre quatre cents et cinq cents projets par an sous toutes les formes, synopsis, feuilles volantes, divers stades de scénario. Il fallait les examiner et éventuellement les proposer à la conférence de programmes. Le projet «Tous les garçons et les filles de leur âge » est arrivé comme ça, ou peut-être transmis lors d'un rendez-vous. Il n'y avait que trois ou quatre pages, mais c'était évident. Il y avait le titre de la chanson de Françoise Hardy, une définition du *Larousse* sur l'adolescence, un paragraphe de Lacan, et des idées de réalisateurs comme Téchiné, Patricia Mazuy, Chantal Akerman. Cette idée était présentée par Chantal Poupaud et deux producteurs, Georges Benayoun et Paul Rozenberg.

Je me souviens très bien de ces feuilles avec ces quelques indications. Parallèlement j'étais en contact avec Aïssa Djabri et Farid Lahouassa, qui avaient une société de production, Vertigo. Aïssa avait tourné *La Vago* sur la vie d'une famille d'Algériens en France, et faisait partie d'un petit groupe où il y avait Éric Barbier, Émilie Deleuze et d'autres. Il m'a présenté à ce moment-là un projet sur la jeunesse au lycée qui est devenu « Les Années lycée ».

---

* Par convention, le titre des collections est indiqué entre guillemets.

Tout cela se passe en même temps?

La collection «Tous les garçons et les filles» a été très ramassée dans le temps. Je crois que la production a duré deux ans, et c'est Patricia Mazuy qui a commencé. Je tenais à ce que la collection soit la plus homogène et paritaire possible, composée de films de soixante minutes. Les années d'adolescence des réalisateurs étaient le point commun et, comme dans le jeu de l'oie, il y avait un passage obligé : une fête.

Chantal Poupaud, l'auteur de l'idée originale, suivait cela de près. Georges Benayoun produisait sérieusement avec bien sûr des bagarres d'usage sur les budgets, les délais. Arte arbitrait.

Dès le début, Téchiné m'avait dit qu'il voulait faire un film plus long. Téchiné c'était l'oriflamme de la collection et je me disais : «Si Téchiné y va, tout le reste suivra.» «Le reste» c'était tout de même Chantal Akerman, Claire Denis, Patricia Mazuy, Olivier Assayas, Cédric Kahn, Laurence Ferreira Barbosa, Émilie Deleuze, et Olivier Dahan dont j'avais découvert le travail en regardant ses clips.

Au début le collectif ne prenait pas vraiment. Les réalisateurs choisis n'étaient pas tous partants. Ils ne savaient pas s'ils seraient libres, ils s'engageaient mollement. Tous les problèmes qui peuvent se poser à une production de long-métrage mais multipliés par dix.

Je tenais vraiment à ce que Téchiné s'engage, et que cela se sache pour m'aider à mettre les choses en place. Il m'a dit : «Pierre je veux bien le faire, j'ai fait des films de télévision – ce que je savais, il avait fait *La Matiouette* avec Jacques Nolot –, mais je ne veux pas que cela m'empêche de faire un film de cinéma. Je veux que cela soit télévision et cinéma.»

J'ai réfléchi et présenté cette idée à la commission de programmes d'Arte France et là : cris d'orfraie des gestionnaires, convocation chez Jérôme – j'avais hurlé un peu trop fort. Jérôme m'a dit : « Tu as tort sur la forme, mais raison sur le fond, donc tu peux y aller. » L'arbitrage de Jérôme était essentiel, l'idée de ne pas faire cette collection avec ces réalisateurs me serrait le cœur, mais à partir de là ça a été un moment d'exception dans ma vie professionnelle.

Georges Benayoun est alors allé demander l'aide de Canal + pour la version cinéma de Téchiné. Comme Canal + mettait plus d'argent qu'Arte, Canal + a demandé la première diffusion. Pour moi ce n'était pas possible, cela retardait la diffusion de toute la série.

On a fini par se dire qu'il y aurait une version télé de soixante minutes pour Arte, comme pour tous les autres réalisateurs de la collection, et une version cinéma pour Canal + d'une durée de quatre-vingt-dix minutes. Téchiné a remanié le scénario et nous nous sommes mis d'accord sur le principe : Téchiné arrêtait la version télé à la page 60 du scénario c'est-à-dire au bout de soixante minutes, tout simplement !

Il y a eu ensuite des versions longues avec plusieurs réalisateurs qui me mettaient en colère car je me battais pour un collectif de dix fois soixante minutes, c'était cela l'idée, c'était pour la télévision.

Vous lancez « Tous les garçons et les filles », et que se passe-t-il pour l'autre collection ?

Avec Aïssa Djabri, les rapports étaient peu conflictuels car dès le départ, nous étions convenus que chaque « objet » de la collection aurait une durée de quatre-vingt-dix minutes. On a échangé sur quelques noms de réalisateurs. Je voulais qu'Aïssa réalise mais il n'a pas voulu. D'un réalisateur révolté, il était devenu un producteur normal.

Au début nous avons choisi deux ou trois réalisateurs, Éric Barbier, Manuel Poirier, et Cédric Klapisch. La série a commencé avec Éric, qui a très vite écrit. Une chose m'est alors apparue : la télévision pouvait être un lieu de travail et un espace d'accueil pour les réalisateurs qui avaient, à un moment donné, des difficultés pour tourner au cinéma. Ces auteurs pouvaient venir à Arte. C'était le cas d'Éric Barbier qui sortait d'un échec particulièrement éprouvant avec *Le Brasier.*

Pour Cédric Klapisch, j'avais vu tous ses courts-métrages au CNC, et particulièrement *Ce qui me meut,* puis son premier long-métrage avec Fabrice Luchini *Rien du tout.*

Nous lui avons donc demandé avec Aïssa de tourner un film de la collection. Il est passé d'un budget de trente millions de francs pour le long-métrage à six-sept millions pour le téléfilm.

Cédric a fait un très bon casting, ce furent les premiers rôles de Romain Duris, Elodie Bouchez, Vincent Elbaz. Le tournage à Paris était dur ; il y avait beaucoup de décors, beaucoup de scènes difficiles en extérieur, c'était vraiment du western, mais il a un vrai talent d'orchestrateur.

Le Péril jeune *sort au cinéma…*

Un distributeur l'a remarqué au festival de Chamrousse, et a décidé de le sortir en payant les droits musicaux qui étaient très élevés.

Le film est sorti en salle après sa diffusion sur Arte. Ça a été un grand succès, beaucoup plus qu'à la télé.

La série a continué avec Manuel Poirier et a duré plusieurs années, Noémie Lvovsky a réalisé *Petites*, et en 1995, Romain Goupil a tourné *Sa vie à elle*.

On peut s'arrêter un instant sur ces deux collaborations…

Noémie Lvovsky, je l'avais rencontrée au CNC, j'aimais sa vivacité, sa drôlerie, j'avais été impressionné par son intelligence.

Pour « Les années lycée » il n'y avait que des réalisateurs, aucune fille, j'ai donc proposé à Noémie de faire un film et elle accepté. Florence Seyvos était sa scénariste et nous avons eu des réunions de travail formidables, longues, très vivantes, durant lesquelles Noémie refaisait sans cesse le film. À la fin, elles avaient écrit de quoi faire dix fois cinquante-deux minutes ! Elles ont fini par écrire un quatre-vingt-dix minutes et tout s'est bien passé, mais Noémie avait gardé l'idée d'un projet plus long. Elle est donc allée voir Bruno Pesery pour lui proposer une version cinéma. Elle a pu tourner les deux versions, et le long-métrage est sorti au cinéma sous le titre *La Vie ne me fait pas peur*. Je trouve les deux films très réussis.

Avec Noémie ça été fluide et avec Florence ça a été parfait, elle est tellement douce.

Et Romain Goupil ?

Mourir à trente ans est un film important pour ma génération.

Le destin de Romain est rare : il a un grand sens du cinéma, de l'archive, et n'a jamais cessé de militer. Je l'admire, j'admire la constance de son engagement.

Avant son film dans « Les Années lycée », nous avions fait *Lettre pour L* en 1993. Il était alors venu me voir en me disant qu'une amie à lui avait le Sida. Il voulait faire un film pour elle et il voulait que ce film soit « bien ».

Ça m'a paru simple, nécessaire et très urgent. Il a écrit un synopsis développé qu'il est allé tourner à Sarajevo avec Fransou Prenant dans le rôle de Libellule, le nom de sa compagne. J'ai trouvé ça formidable, c'était à la fois un film amoureux et un film politique, un film politiquement amoureux. Il a tourné dans des conditions très difficiles pendant le siège de Sarajevo, avec une écriture filmique très différente de ce qu'il avait fait et de ce qu'il fera plus tard. Ce sont des fragments accompagnés d'un discours politique écrit et dit par lui. Il a fait ce film dans l'urgence. Je crois que Libellule a eu le temps de le voir.

Avec *Sa vie à elle* réalisé pour « Les Années lycée », il a filmé l'histoire d'une jeune fille comme tout le monde qui décide de porter le voile. Ce film écrit avec Zaïda Ghorab-Volta était comme un pressentiment puisqu'il date de 1995.

J'aimerais revenir à « Tous les garçons et les filles ». Dans cette collection,* Travolta et moi *de Patricia Mazuy a été un véritable événement. Tout le monde avait le sentiment d'une réussite absolue, une immense cinéaste était née.

Patricia, que j'avais aussi connue au CNC lorsqu'elle avait eu l'avance sur recettes pour *Peaux de vaches*, était là dès le début de la collection.

Elle a tourné à Châlons-sur-Marne avec une énergie, un sens de l'instant, hors du commun.

Quand on a visionné, il n'y avait rien à dire, qu'à admirer. Le film était sidérant.

Je garde encore en tête la dernière phrase du film que répète l'héroïne après le suicide de son amoureux : « Surtout ne rouvre pas les yeux tant que je ne suis pas revenue. C'est moi qui te les rouvrirai. Quand tu sens ma bouche tu ouvres les yeux... »

Un autre film important dans cette collection est* Bonheur *de Cédric Kahn.

Cédric, qui est un réalisateur puissant et pas seulement par son affinité avec Pialat, a réalisé un des plus beaux objets de la collection, *Bonheur*.

J'ai été dur avec lui, il a fait son film dans des conditions drastiques : je tenais vraiment à ce que chaque film soit paritaire, même durée, même financement. Et Cédric en a fait les frais. Mais le tournage qui se déroulait près d'Apt, s'est remarquablement passé. Ce n'était que lumière et jeunesse.

À la projection d'avant mixage, le film faisait quatre-vingt-dix minutes environ. Nous avons eu des discussions serrées avec la production et finalement il y a eu un téléfilm de soixante minutes, *Bonheur* et un film pour le cinéma *Trop de bonheur*.

Parmi tous les films que vous avez coproduits, on peut évoquer ceux d'une autre collection : « Petites caméras ».

La collection est née à la fin des années 1990 lors d'un petit déjeuner au Flore avec Claude Miller et Jacques Fansten. Claude

• Avec Cédric Kahn (1994) •
© Coll. privée / DR

voulait tourner de manière économe, ce qui rejoignait le souhait de certains producteurs d'avoir du matériel plus léger, moins onéreux. Claude me parle d'une petite caméra numérique avec laquelle il souhaiterait tourner. L'idée d'une collection nous est venue : « Petites caméras ». Certaines idées viennent à plusieurs et s'imposent naturellement.

Claude m'a envoyé le fragment d'une nouvelle de l'écrivaine américaine Siri Hustvedt. C'était très opaque mais ça m'a plu. Il s'est lancé en écrivant une suite de séquences dialoguées. Avec Jacques nous nous sommes revus plusieurs fois et avons dressé une première liste de réalisateurs : Claude Miller, Jacques Fansten, Olivier Py, Emmanuelle Bercot, Brigitte Roüan et Jean-Pierre Sinapi.

Claude s'est mis à tourner, en confiant une caméra à son fils, Nathan.

Son film, *La Chambre des magiciennes*, est vraiment réussi.

Comment avez vous pensé à proposer un film à Emmanuelle Bercot ?

J'avais remarqué Emmanuelle à la Femis. Je faisais partie du Jury présidé par Marc Tessier. Emmanuelle refusait de passer devant ce jury et d'avoir le diplôme. Elle est finalement venue, après avoir écrit une lettre à Marc Tessier, et elle m'a beaucoup plu. Pour ce diplôme de fin d'études, j'avais vu ses courts-métrages dont *La Puce* avec Isild le Besco.

Nous sommes restés en contact et j'ai toujours souhaité travailler avec elle. À ma demande Jacques Fansten l'a appelée. Elle a écrit un scénario étonnant sur l'amour qu'éprouve une jeune femme pour un pré-adolescent.

Le visionnage des rushes était surprenant. Elle était l'actrice principale, avec le petit Clément. Il y avait des scènes incroyables. Et puis pendant le montage, il y a eu des problèmes. Jérôme Clément, responsable pénalement en tant que président d'Arte, a eu vent des risques qu'il courait si le film était accusé de complaisance à l'égard de la pédophilie. Le film a été sélectionné à Cannes en 2000 pour Un Certain Regard, et tout s'est calmé.

Les films de cette collection ont marché ?

Le film de Claude Miller oui, les autres, je ne me souviens plus.

Aviez-vous des objectifs d'audience ?

Disons des objectifs-espoirs d'audience !

La fiction faisait de l'audience, mais surtout la fiction traditionnelle, que je ne renie pas. C'est pour cela que les coproductions avec les « grandes » chaînes étaient importantes pour moi car elles avaient un fort impact public. Je pense à *L'Allée du roi* de Nina Companeez avec France 2, *Les Alsaciens* de Michel Favart avec France 3, *L'Affaire Seznec* avec TF1 ou *L'Affaire Dreyfus* d'Yves Boisset également avec France 2. Mais pour d'autres films je savais qu'il n'y aurait pas d'audience et j'avais donc le problème de l'antenne. Elle grinçait en conférence de programmes chaque fois qu'il y avait un téléfilm disons « marginal », non conventionnel. Mais je me disais : « Il faut le faire, et je verrai plus tard avec l'antenne. » Celle-ci sanctionnait parfois, et diffusait à vingt-trois heures trente. Mais c'était fait. Et puis il y a eu des coups de dés comme *Marius et Jeannette*, un succès à la fois au cinéma et en diffusion sur Arte.

***Dans une interview Robert Guédiguian raconte ce qui se passe autour de* Marius et Jeannette.**
Toute la profession intervient pour qu'il ne sorte pas son film au cinéma. Il répond que la seule personne avec qui il doit en parler, c'est vous. Mais quand il vous appelle, vous avez quitté Paris tellement la pression autour du film est forte !

Oui, ça a été violent, mais *Marius et Jeannette* a été une belle histoire. Robert Guédiguian avait eu de vrais succès d'estime avec ses précédents films que j'avais vus. J'avais même l'affiche de son film *Rouge Midi* dans mon bureau au CNC, et il l'avait remarqué.

Il est venu me voir à Arte en 1995 avec son producteur Gilles Sandoz, et me dit : « On ne se connaît pas, on n'appartient pas au même milieu, mais je crois que l'on s'estime. J'ai un projet que je suis sûr de ne pas pouvoir faire au cinéma. C'est l'histoire d'une femme et d'un homme qui sont à la quarantaine … » Il m'a remis quelques pages de synopsis. Tout de suite je me suis dit, après les collections sur la jeunesse, la quarantaine c'est génial !

Nous avons passé une convention d'écriture. Il a écrit vite, j'ai lu vite et fait vite passer à la conférence. Pour le chiffrage, Gilles Sandoz m'a demandé comment la chaîne pouvait intervenir. « Dites-moi de combien vous avez besoin et on le fera. » Il avait besoin de deux millions et demi de francs, soit environ quatre cent mille euros.

• *Marius et Jeannette* de Robert Guédiguian (1997) •
© DR

C'était l'enveloppe moyenne de votre apport ?

Un peu moins, c'était avant l'inflation des coûts de fabrication. Je suis allé sur le tournage en mai, à un moment dramatique : Ariane était tombée malade pour les dernières scènes, elle a dû être hospitalisée. Robert a tourné quelques scènes qui lui manquaient, mais lui, Darroussin et Meylan étaient vraiment inquiets.

Finalement, Ariane a pu revenir et finir le tournage, qui a encore duré quelques jours.

Plus tard, j'ai visionné un montage, on a échangé très librement, Robert Guédiguian a fait des modifications, il y avait des longueurs.

Enfin, je valide le montage définitif d'une heure trente. J'étais ravi et me disais que c'était un inédit, qu'il serait programmé au début de l'été. Je me réjouissais vraiment pour Arte !

Robert avait ajouté des choses au scénario initial, on était en pleine montée du FN, le scénario avait évolué en relation avec l'actualité et cela était nouveau à la télévision.

Et puis il s'est passé cette chose invraisemblable : Gilles Sandoz, le producteur, a montré le film au comité de sélection de Cannes et Gilles Jacob l'a sélectionné ! Je ne le savais pas, je me suis retrouvé la tête dans le seau.

Vous ne le saviez vraiment pas ?

Mais non, je vous jure !

J'ai appris par la conférence de presse du festival que le film était sélectionné et faisait l'ouverture d'Un Certain Regard !

Il y avait déjà eu des films de l'unité Fiction à Cannes ?

Trois ans plus tôt, en 1994, *Les Roseaux sauvages* d'André Téchiné, *Trop de bonheur* de Cédric Kahn et *L'Eau froide* d'Olivier Assayas. Mais ces films avaient deux versions, et c'était la version cinéma qui était présentée à Cannes.

Avec* Marius et Jeannette *c'était la première fois qu'un téléfilm allait à Cannes ?

Il y avait eu *Le Rayon vert* de Rohmer. Mais avec *Marius et Jeannette* le milieu de la production a été vexé, comme atteint d'une blessure narcissique.

Je me souviens d'une réunion du comité cinéma qui se tenait dans un grand bureau vitré au rez-de-chaussée d'Arte. Je passe tranquillement dans le hall quand Jérôme me voit et m'appelle. Je me retrouve devant Françoise Giroud, Francis Girod, Bernard-Henri Lévy, Jérôme Clément, Jean Rozat, qui tous me demandent si je savais que le film avait été montré à Gilles Jacob. J'ai passé un moment pénible. J'étais mis en accusation et je me disais : « Mais qu'est-ce que ça peut faire ? »

Vous étiez content que le film aille à Cannes ?

Pas du tout. Je ne me suis pas opposé à Guédiguian évidemment, mais toutes ces choses étaient désagréables : le film a été déclassé pour aller dans la filiale cinéma, il a fallu le sortir de l'unité Fiction avec toutes les recettes afférentes qui ont eu l'avantage de faire vivre la filiale cinéma pendant deux ans : deux millions sept cent mille spectateurs, plus toutes les ventes à l'étranger ! Il a été ensuite vendu huit millions de francs à TF1. C'est pour cela que je n'étais pas toujours très aimable avec la filiale cinéma.

J'ai trouvé que la France était arriérée par rapport à Channel 4, et à nos partenaires allemands. Les responsables allemands à l'époque ne faisaient pas de différence entre un téléfilm et un film de cinéma. Cela ne posait aucun problème, ce sont les mêmes rédactions qui font le cinéma et la fiction.

Ce qui est paradoxal c'est que les téléfilms et les films cinéma étaient réunis dans la même unité de programme jusqu'à votre arrivée !

Cela aurait été peut-être plus simple si cela avait continué, car une grande partie de mes problèmes est venue d'un responsable de la filiale cinéma d'Arte, qui acceptait très difficilement que des films coproduits par l'unité Fiction sortent en salle et soient présentés dans de grands festivals.

Vous étiez tout de même heureux de tout ce qui se passait autour de* Marius et Jeannette *?

Oui, mais j'en avais marre de tout, marre des coups de fil, marre de la chaîne. Je suis parti en voyage quinze jours pour m'éloigner de ce brouhaha.

Ça a été la polémique la plus importante que vous ayez eue à gérer au sein d'Arte ?

Après ce furent plus des tensions que des polémiques, comme Tsai Ming-liang en 1996 et Philippe Harel en 1997 en compétition officielle…

C'est toujours Cannes qui vous a compliqué la vie ?

Les autres festivals Locarno, Venise, Toronto, San Sebastian, New York, ça allait. C'est très unique en France ce clivage entre cinéma et télévision. Cette séparation est peut-être au bénéfice de la vocation artistique du cinéma et de l'intérêt économique des producteurs.

Il y a tout de même eu soixante-seize films de l'unité Fiction qui sont sortis en salle. En version cinéma ou en version téléfilm comme* Marius et Jeannette*. En moyenne cela fait presque six films par an, c'est beaucoup.

Cela me semblait normal.

Mais ça ne l'est pas du tout ! À l'exception de* La Fracture du myocarde*, de Jacques Fansten, aucun autre téléfilm d'aucune autre chaîne ne sortait au cinéma.

Je ne me rendais pas vraiment compte, seul le travail comptait. Je confiais la solution de ces problèmes à mon adjoint François Sauvagnargues, nettement plus diplomate que moi.

À cette époque Daniel Toscan du Plantier présidait Unifrance, dont la mission est de défendre le cinéma français. Il a combattu ces sélections et n'était pas très sensible à votre volonté de faire dialoguer le cinéma et la télévision. Pourtant, si on pense aux années où il a dirigé la Gaumont, on peut observer dans son action pas mal de similitudes avec la vôtre : produire beaucoup, ne pas céder sur la qualité, et faire appel le plus souvent possible à de grands metteurs en scène.

Nous ne jouions pas dans la même cour : lui, c'était la grande cour, type Versailles, moi, c'était la petite cour, type récréation !

Cela dit Toscan n'était pas le seul à émettre des réserves. Les puissants syndicats de producteurs de longs-métrages ne m'ont pas épargné. Un dirigeant syndicaliste comparait les programmes de l'unité Fiction à des films chauve-souris. J'imagine que cela voulait dire téléfilms le jour, films de cinéma la nuit…

Certains des films que vous avez faits ont d'abord été des téléfilms puis sont devenus des films cinéma, mais il y a aussi ceux qui étaient des films pour le cinéma et sont devenus des séries pour Arte, comme* Underground *de Kusturica.

Un jour, Jean-François Fonlupt, qui dirigeait Ciby 2000, la société de production de Francis Bouygues, m'appelle : «Nous ne nous connaissons pas mais M. Bouygues a produit un film de Kusturica qui n'a pas été très bien accueilli à Cannes. Nous avons perdu beaucoup d'argent. Venez me voir, j'aimerais vous parler de quelque chose.»

J'y vais, très petit garçon tout de même, sortant de ma cabane d'Arte. J'arrive dans des bureaux splendides au dernier étage d'un immeuble des Champs-Élysées. Fonlupt m'explique : «J'ai beaucoup de rushes du film d'Emir Kusturica et je voulais savoir si ça vous intéresserait d'en faire une série pour Arte ?» Je visionne les rushes, il y en avait quantité, et je les trouve passionnants.

Je retourne voir Fonlupt en lui disant qu'il faut en effet penser à un double format. Le film montré à Cannes est une version mutilée. Il faut montrer ce que Kusturica a voulu faire et non pas la version montée pour un festival et la sortie en salles. Nous discutons et nous passons un contrat pour six fois soixante minutes. J'ai contacté la monteuse, une femme de cinquante soixante ans, austère mais très professionnelle, et nous avons travaillé ensemble sans jamais voir Kusturica qui déléguait tout à sa monteuse. Il n'est jamais venu au montage, à aucun moment, alors qu'il était tout à fait d'accord sur le principe de la série.

Elle a été diffusée en deux fois deux heures et demie en version française, donc doublée, et en six fois cinquante-deux minutes en serbe sous-titré français.

J'ai vécu une aventure similaire avec Lars von Trier quand nous avons coproduit la deuxième saison de *L'Hôpital et ses fantômes*. Je suis allé à Copenhague pour rencontrer sa productrice et discuter du format. À un moment j'ai vu Lars von Trier sortir de derrière la machine à café sur laquelle était collé son portrait. J'ai cru voir double ! Nous avons échangé quelques mots en buvant un café. Mais quand je suis retourné à Copenhague pour travailler avec sa monteuse, je n'ai plus jamais revu Lars von Trier.

Une série que l'on connaît peu mais qui a quand même abouti à une Palme d'or :* Les Meilleures Intentions *de Bille August.

Georges Goldenstern avait suivi le projet, né de nos bonnes relations avec la télévision suédoise. La responsable de la production était très proche de Bille August et avait besoin de financements. Ce qui nous intéressait dans ce projet, c'était surtout le livre autobiographique de Bergman. Certaines choses arrivent par hasard, le hasard est au moins pour moitié de toute action. Et cette Palme d'or doit aussi au hasard !

Un autre film existe d'abord en version cinéma puis en série, c'est* Pola X *de Leos Carax

Le budget du film explosait et son producteur Bruno Pesery est venu me proposer une version télé alors que le film était déjà entièrement tourné.

Je connaissais bien *Pierre ou les ambiguïtés* de Melville, qui était l'une de mes œuvres de chevet, livre aussi parmi les préférés de mon oncle Pierre et de ma mère.

Je demande à voir le maximum de choses pour savoir quel pourrait être le format de la version télé. Nous nous arrêtons sur un trois fois cinquante-deux minutes, le film faisant plus de deux heures. Il y a vraiment des séquences suffocantes dans le montage télé, notamment dans la seconde partie.

Arte a donc mis sept millions de francs, ce qui était beaucoup. Je suis toujours passé pour un néo-mécène !

On ne s'est quasiment pas rencontré Carax et moi, mais je me souviens de lui à la fête de fin de tournage de *Beau Travail*, organisée dans mon studio de l'Ile Saint-Louis. À minuit Leos est arrivé avec son petit chien. Il a été charmant.

Il faisait les montages et vous validiez ?

Oui. Comme *Underground*, ce sont des œuvres tellement grandes que la négociation n'a pas de sens et serait même indigne. Pour de nombreux films j'intervenais, mais pour des œuvres de cette envergure on n'intervient pas sur une minute en trop ou un plan comme ci ou comme ça.

Puisque vous évoquez la fête de fin de tournage de* Beau Travail *de Claire Denis, on peut parler de ce film si important pour vous et qui a été compliqué à faire exister…

Claire, je l'ai connue au CNC en 1984-1985, elle venait de travailler avec Wim Wenders. Nous parlions beaucoup le soir après les commissions. Elle était en train de réaliser *Man No Run*, un documentaire sur des chanteurs africains. Elle a ensuite tourné *Chocolat* pour Pascale Dauman, puis *S'en fout la mort* et *J'ai pas sommeil*. Nous ne nous étions pas perdus de vue et nous avions l'habitude de nous voir près de Bastille. Un soir elle a évoqué Melville, et plus particulièrement une de ses nouvelles, *Billy Budd*, dont elle souhaitait faire une adaptation et qui pouvait trouver une place dans la collection « Terres étrangères » initiée avec Patrick Grandperret.

Le scénario a été une course d'obstacles. Jean-Pol Fargeau, son scénariste habituel, a changé plusieurs fois de direction. Claire aussi. Pendant l'écriture, elle peut facilement choisir une autre voie que celle sur laquelle elle était engagée. Cette imprévisibilité est réellement productive. Le projet passe en comité de lecture, il est très chahuté. Certains membres étaient contre. Véronique Cayla était là, je me souviens, me souhaitant du courage.

Le projet a été refusé car il faut bien le dire, ça n'avait rien à voir avec un téléfilm. Je reviens à la charge. Claire va à Strasbourg rencontrer Andreas Schreitmüller. À l'usure, on obtient l'accord de la conférence de programmes pour une diffusion tardive.

Le scénario est encore modifié, et enfin le tournage est prévu pour décembre 1998. Début novembre, Denis Lavant n'est plus libre. Claire est effondrée mais après une longue attente et l'intervention de Leos Carax, Denis se libère et le film commence pour dix-huit jours à Djibouti.

Patrick Grandperret avait fait des repérages dantesques. Il avait été blessé, s'était fait attaquer, on lui avait tout volé sur une plage alors qu'il faisait des repérages sous-marins.

Je me souviens de mon voyage à Djibouti, je suis arrivé vers midi et suis allé sur le tournage qui n'était pas très éloigné du lieu où un juge français avait été retrouvé mort.

Sur le tournage, deux crevettes, – Claire et Agnès Godard, sa chef opératrice – filmaient dans une sorte d'état de grâce, avec une détermination extraordinaire.

Le décor était d'une grande beauté. Je suis resté jusque tard dans la nuit. Claire tournait avec une précision et une maîtrise infaillibles. Il y a eu des problèmes avec le ministère des Armées, avec la Légion étrangère, l'administration. Le tournage a été difficile, mais le producteur Jérôme Minet a assuré. Dès que les difficultés empêchaient de tourner ce qui était prévu, Claire, sans se démonter, décidait très rapidement de tourner autre chose.

Je me souviens des bagarres entre la vraie et la fausse Légion qu'interprétaient de jeunes acteurs. C'était vraiment un tournage singulier et exaltant. Claire et Agnès ont senti qu'il fallait qu'elles tournent très vite. Elles volaient parfois des plans quand la population devenait hostile.

Le film a été l'une de vos réussites majeures…

Si un but a été atteint c'est celui-ci, c'est *Beau Travail*. C'est un cinéma différent, « autre ». Il y a… une logique de beauté dans ce film d'ailleurs, une osmose avec la musique de Britten. Claire a inventé quelque chose. Elle et Agnès ont inventé quelque chose.

Je suis resté proche de Claire, nous avons une entente naturelle comme parfois ce qui naît des liens du sang mais qui n'est pas du sang.

Elle m'a écrit un mot au dos d'une photo que je garde toujours à portée de main : « Pierre, Pierre, Pierre, je suis là. Cette femme d'abîme, cette femme qui conduit droit au désastre c'est moi. Mais c'est toi qui m'as le mieux armée pour croire que malgré tout je sais aimer. »

La chaîne a reconnu que c'était un beau film ?

Je n'en ai pas le souvenir. Il a été diffusé à un horaire très tardif.

Il est allé à Venise, Toronto, Sundance, Berlin, ce qui est tout à fait exceptionnel. Agnès Godard a eu un César pour la photo. Il est sorti en salle mais n'a pas très bien marché…

C'est un film icône et pourtant resté secret.

VII

Pierre ou les ambiguïtés

Pendant toutes ces années, en plus des téléfilms unitaires que vous coproduisez, vous continuez le principe des collections ; il y en a en tout une bonne douzaine, soit une par an. Dans ces collections, il y en a une particulièrement originale, « 2000 vu par… ».

« 2000 vu par… » vient des « pépètes », c'est comme ça que j'appelle Carole Scotta et Caroline Benjo.

Elles étaient venues me voir en 1995 pour me parler d'un projet de téléfilm de Laurent Cantet, qui faisait partie d'une série de films qu'elles voulaient faire sur le thème du passage à l'an 2000.

Je passe une heure avec ces deux jeunes femmes, séduisantes, férues d'underground, de culture américaine, pleines d'enthousiasme. Je ne sais pas ce qui m'a pris, l'évidence encore, je leur ai proposé de coproduire toute la collection sur l'an 2000.

Elles sont sorties du rendez-vous stupéfaites car elles étaient venues en espérant l'accord de la chaîne pour un unitaire, et elles sont reparties avec un accord pour une collection !

Elles m'ont proposé une liste de réalisateurs dont certains se sont désistés comme Thomas Vinterberg ; j'ai imposé Abderrahmane Sissako, et François Sauvagnargues a proposé Walter Salles qu'il avait connu au Brésil.

Nous avions une conversation téléphonique d'une heure, une heure et demie chaque semaine pour le suivi des scénarios, en général le vendredi. Ces échanges avaient pour but de les soutenir car le rythme de production était infernal.

L'hypothèse de travail pour moi était douze films, les douze coups de minuit, mais deux films ne se sont pas faits. Je voulais absolument que les films soient diffusés à Noël 1998-1999, soit un an avant l'an 2000, pour ne pas faire comme tout le monde. Vous vous rendez compte du travail qu'elles ont fourni ? Elles ont été fortes.

Il y a eu quelques problèmes avec la Hongroise Ildiko Enyedi, et l'Allemand Romuald Karmakar. Miguel Albaladejo a fait le film pour l'Espagne, Don Mckellar pour le Canada. J'ai beaucoup aimé ce film où l'on voit apparaître Cronenberg. Avec Hal Hartley ça s'est bien passé, et avec Laurent Cantet aussi.

Et avec Tsai Ming-liang ?

La coproductrice taïwanaise voulait un film cinéma. Cela ne me dérangeait pas au départ, mais je voulais que la version télé fasse soixante minutes – mon obsession ! Six mois après il y a bien une version de soixante minutes… sinistre. La version typique pour Arte, plus ennuyeux tu meurs. Je l'ai refusée. J'ai regardé aussi la version cinéma qui était bien meilleure et j'ai demandé à ce que la version télé soit remontée avec les danses de la version cinéma. Ça a été fait et le téléfilm est devenu séduisant.

Dans les deux dernières collections marquantes, il y a « Gauche/ Droite».

À cette époque on ne comprenait plus grand-chose, politiquement c'était illisible, un peu comme maintenant. Il y avait eu la cohabitation Mitterrand/Chirac, Mitterrand/Balladur, puis Chirac/Jospin. Les notions de gauche et de droite étaient perméables, incertaines. J'avais envie de faire une collection politique mais Jérôme trouvait que c'était un sujet difficile. Il était un peu réticent au départ, et puis comme souvent il a soutenu l'idée. J'écris quelques lignes et je confie le développement et la production à Gilles Sandoz. On réfléchit donc avec Gilles aux réalisateurs à contacter. L'unité avait travaillé avec pas mal de réalisateurs et on souhaitait de nouveaux metteurs en scène. Nous nous sommes arrêtés sur Tonie Marshall, Pierre Salvadori, Dominique Cabrera, Claire Devers, Sébastien Lifshitz et Érick Zonca.

Parmi les films que nous avons faits ensemble il y a celui que Pierre Salvadori a réalisé dans cette collection et que j'ai coproduit avec Agat Films,* Le Détour, *devenu* Les Marchands de sable *au cinéma.

Quelque chose d'un peu pervers s'était alors mis en place, on se disait qu'on allait faire un film pour Arte, mais qu'en même temps on en ferait un autre pour le cinéma. Le film coûtait donc plus cher, et on comptait alors sur le préachat de Canal + pour payer les dépassements. Jusqu'au jour où Canal a décidé de ne plus acheter les versions longues des films initiés par Arte. Cela a été un vrai coup d'arrêt aux doubles versions et les producteurs se sont retrouvés seuls avec le dépassement financier…

À un certain moment ce système s'est en effet perverti et ça m'a complètement dépassé. Je ne l'ai pas perçu immédiatement chez les producteurs car ils ne me disaient rien.

• Pierre Chevalier (1998) •
© Coll. privée / DR

C'était compliqué de vous le dire ! Lorsque vous nous donniez votre accord pour la double version nous étions déjà bien contents. Nous n'allions pas en plus vous parler du coût de la double version. Vous n'interveniez plus dans cette deuxième vie du film.

Et la plupart du temps je ne le visionnais pas.

Mais il y a eu un glissement. Non seulement les producteurs n'étaient plus dans le rôle du producteur classique de télévision qui vit sur la fabrication du film, mais en plus ils perdaient de l'argent si Canal n'achetait pas le film.

Marc Tessier, alors directeur du CNC a mis fin à tout cela en réduisant considérablement la possibilité que les doubles versions aient l'agrément.

À partir du moment où le CNC a décidé qu'un film produit par l'unité Fiction d'Arte ne bénéficierait plus du système qui encadre les longs-métrages, les doubles versions se sont arrêtées.

Je n'avais pas véritablement pris conscience de ce qui s'était mis en place. Mais j'ai été aussi ambigu. Je commandais une version télévisuelle en première diffusion sur Arte, pour le reste, je fermais les yeux : « Pierre ou les ambiguïtés »… ou Ponce Pilate si vous préférez !

Pour revenir à « Gauche/Droite », un autre réalisateur était prévu dans cette collection : Jean-Luc Godard.

Godard avait proposé plusieurs projets et avait finalement eu l'idée de reconstituer un dîner qui avait eu lieu chez Bernard-Henri Lévy. Ce dîner réunissait BHL et sa femme, Jacques Lanzmann et sa femme, et Jean-Luc Godard. Ce dîner avait pour but, selon BHL, de réconcilier Claude Lanzmann et Godard, et de faire comprendre à Lanzmann que Godard n'était pas antisémite. C'était périlleux.

Godard connaissait l'objet du dîner ?

Non, je ne crois pas. Le dîner a eu lieu et s'est très bien passé.

Godard reprend l'idée de ce dîner et dit : « On va faire un film à trois. On va reconstituer le dîner, et le filmer sur un rail circulaire avec Julien Hirsch à la caméra. »

On a commencé à se réunir pour parler du projet, Godard, Lanzmann, Sandoz et moi. Bernard-Henri Lévy a dû assister à une seule réunion, il écrivait son livre sur Jean-Paul Sartre à Cuba. On se réunissait la plupart du temps chez Claude Lanzmann et je voyais bien qu'il ne participait pas beaucoup, ne se dévoilait pas.

Un jour où nous évoquons le filmage du dîner, Godard propose que chacun réalise en complément du dîner de trente minutes un film de dix minutes sans que le sujet soit dévoilé aux autres. Ça pouvait être une réponse au dîner ou autre chose.

Je sens que ça grippe, Lanzmann devient difficile avec Godard, lui demande s'il a vu *Shoah*. Godard ne lui répond jamais oui. Il m'avait dit qu'il avait vu le film deux fois. C'est un cinéaste, évidemment qu'il a vu *Shoah*.

Nous parlions depuis plusieurs mois, les discussions se compliquaient. Je demande à voir tout le monde lors d'une réunion à Arte afin que l'on soit tous d'accord sur la fabrication.

Nous étions à quelques jours du tournage qui devait se dérouler à l'hôtel Raphaël, le travelling circulaire était déjà installé.

Nous nous retrouvons à Arte. Autour de la table, Godard, Lanzmann, moi entre les deux, Bernard-Henri Lévy et Gilles Sandoz en face. Je demande des précisions sur les expressions libres de chacun – les films de dix minutes –, sur les conditions de tournage du dîner et sur le montage qui devait faire l'objet d'un accord commun. Lanzmann commence à pinailler et à demander la maîtrise du montage. Godard intervient, puis Gilles, mais Lanzmann continue. S'ensuit un bref échange très vif entre Lanzmann et Godard à propos de *Tsahal*, Godard disant : « Ce n'est peut-être pas votre meilleur film… » Lanzmann se lève et menace physiquement Godard : « Je vais lui casser la gueule ! » Là je réfléchis une seconde et dis : « On fait du cinéma pour beaucoup de raisons, mais rien ne peut justifier d'aller jusqu'à l'agression physique. La réunion est terminée, ce projet ne se fera pas. » J'ai raccompagné Godard jusqu'au métro et laissé Lanzmann avec Bernard qui a conclu : « C'est la journée la plus comique de ma vie… » Il m'avait prévenu qu'avec Claude Lanzmann, c'était vraiment difficile.

Qu'a dit Godard ?

Il était blanc.

Beaucoup de choses ont été dites sur la fin de ce projet. Antoine de Baecque a écrit dans son livre sur Godard que je m'étais dégonflé. Bernard-Henri Lévy a pris le temps de lui répondre dans sa chronique du *Point* que le projet s'était détruit de lui-même.

• Arte, 1997 •
© Coll. privée / DR

VIII

Des épaules solides

En vous voyant travailler, je me suis souvent interrogé sur votre méthode. Comment étiez-vous organisé pour lire tant de scénarios dans de nombreuses versions, regarder les rushes, visionner les différents montages, et cela sur autant de films simultanément ?

C'étaient de longues journées. J'arrivais vers neuf heures trente et je repartais d'Arte vers vingt-et-une heures, vingt-deux heures. Le samedi je travaillais souvent de midi à vingt heures et parfois le dimanche. C'était une organisation drastique. Mon emploi du temps était spartiate. Le matin était consacré à l'unité, aux relations avec mes collaborateurs, aux nombreuses réunions internes et à l'avancée des projets avec les chargés de programmes. Je précise que rien de tout ce que j'ai fait n'aurait été possible si je n'avais pas eu des chargés de programme d'une telle qualité : Nicolas Saada, Arnaud Louvet et Isabelle Huige. Je faisais donc un point avec eux, avec la chargée de post-production, Odile Carrière, et avec d'autres membres de l'équipe comme les assistantes, d'une patience extraordinaire avec moi car je n'étais pas commode, Dominique, Catherine, Lisa, Nadège, Aurélie, Delphine, Anne-Sophie, Caroline.

L'après-midi c'étaient les rendez-vous, quatre ou cinq par jour. À partir de dix-neuf heures, moment où je n'étais plus dérangé, jusqu'à vingt-deux heures, c'était le travail solitaire : lectures, annotations, visionnages, correspondance manuscrite. Les journées s'organisaient comme cela, j'avais besoin de temps, je suis lent.

La chose que je retiens, c'est un effort physique, pas tellement une épreuve intellectuelle, c'est à la portée de tout le monde avec un peu d'habitude de lire un scénario, mais une épreuve sportive !

J'ai marché toutes ces années presque exclusivement au Coca-Cola, aux Mars, au café et à la Prontalgine – un Doliprane avec de la caféine – à hauteur de six comprimés par jour. Ça me stimulait, me donnait un coup de fouet. Chaque fois que mon attention baissait, je prenais de la Prontalgine.

Vous travailliez également chez vous ?

Oui, quelquefois le dimanche, tranquillement, lentement, quand je n'allais pas à Arte. Chez moi ce n'était pas la même discipline, je lisais un scénario en trois heures alors qu'à Arte je le lisais en une heure et quart, une heure et demie. C'était toute une organisation, au détriment de la famille, des amis. Je ne suis quasiment plus sorti. Il fallait que j'observe strictement les échéances car à la télévision on a un plan de charges et on doit livrer les heures prévues à l'antenne. Si vous ne livrez pas, la fois suivante votre budget est amputé d'autant d'heures que vous deviez faire. J'avais cinquante heures à livrer par an ce qui fait à peu près trente-deux ou trente-trois titres.

Avec la rigueur qui est la vôtre et la proximité que vous aviez avec les films, comment faisiez-vous pour avoir dans la tête vingt-six ou vingt-sept films à différentes étapes ?

C'est toute une gymnastique ! Ce plan de charges et son budget se géraient sur trois années civiles. Il y a toujours des films que vous n'arrivez pas à concrétiser, des engagements qui volent en éclats. La grande période de vérité était en mai juin, j'avais l'esquisse des tournages, des montages en cours et des films terminés. Si en septembre il me manquait des heures de programme, il fallait être en recherche d'unitaires ou d'achats pour combler. Mais nous y sommes arrivés chaque année.

Il n'y a pas eu des moments où la contrainte de cette charge a pu correspondre à une baisse de qualité ?

C'est cela qu'il fallait éviter, mais j'ai dû prendre sur ces douze années trois ou quatre décisions de compromis ou de complaisance, et une seule fois j'ai pris un téléfilm alors que je ne le trouvais pas bon, pas bon du tout, je m'en souviens très bien.

« De complaisance », cela signifie que l'on vous imposait des choses ?

Dès le départ je n'ai pas eu le dogmatisme de Thierry Garrel qui pensait que tout ce qui venait du septième étage était mauvais. J'ai vite compris que si je ne travaillais pas en accord avec la présidence je n'aurais pas de liberté. Et puis Jérôme n'est pas n'importe qui, il avait une vision que moi, le nez dans le guidon, je n'avais pas forcément, une vision dans le temps, dans le rapport franco-allemand, dans le rapport avec France Télévisions et les autres chaînes. Cette vision est essentielle.

Les projets de la présidence m'arrangeaient donc plutôt et généraient des coproductions avec France Télévisions. On ne peut pas tout le temps être le petit révolutionnaire à la noix qui se prend pour Saint-Just. Je l'étais déjà suffisamment comme ça.

J'avais remarqué les contraintes de mes collègues sur les autres chaînes, et j'étais vraiment conscient de l'extraordinaire liberté éditoriale dont je bénéficiais à Arte.

Vous n'auriez pas pu faire ce travail sur une autre chaîne ?

Jamais ! Cela ne m'aurait pas du tout intéressé. Faire des *Cordier*, des *Navarro*, non.

Pourtant vous m'avez souvent dit que vous étiez parti avec un sentiment d'échec, que l'expérience avait raté.

Avec le temps, je suis plus nuancé mais c'est vrai, je suis parti avec un vrai sentiment d'échec personnel, d'épuisement aussi. Ce fut une expérience unique, mais une expérience qui devait s'arrêter.

J'avais cru faire de la télévision, mais la reconnaissance est principalement venue des films sortis au cinéma.

Et puis j'étais de plus en plus isolé, j'ai manqué d'alliés.

Quels sont les alliés dont vous auriez eu besoin ?

Un allié pour moi aurait été un directeur de la fiction à France 2 ou Canal + avec lequel j'aurais pu coproduire régulièrement. J'ai essayé avec Canal +, on a fait avec Albert Mathieu un trois fois vingt-six minutes avec Jan Kounen, Vincent Ravalec et Ismaël Ferroukhi, mais le problème est que Canal + exigeait la première diffusion et pour Arte, c'était très difficile à accepter.

Un groupe dans le cinéma aurait aussi pu être un allié.

Mais c'est très antagoniste : un groupe fait des films pour la salle qui coûtent souvent cher, et vous vous faisiez des films pour la télévision qui coûtaient très peu d'argent !

Les groupes et les producteurs importants me considéraient surtout comme un peu caractériel et incontrôlable. Leur confiance m'a manqué. J'ai voulu faire de la télévision avec les forces du cinéma et je n'ai eu d'alliés ni dans la télévision ni dans le cinéma.

Le problème est que certains de ces grands producteurs vous considéraient aussi comme une sorte de concurrent, quelqu'un qui changeait la donne. Les téléfilms qui sortaient au cinéma ou ceux qui avaient une version longue mettaient le bazar. À propos du Festival de Cannes, beaucoup disaient : « Ras le bol qu'on sélectionne des téléfilms dans le plus grand festival de cinéma du monde. » De leur côté, les exploitants demandaient qu'on arrête de sortir des films qui étaient déjà passés à la télévision.

Au fond, vos seuls alliés en plus des cinéastes sont quelques producteurs indépendants, qui à cet endroit-là pouvaient faire des films qui n'auraient pas existé autrement. Votre situation créait une contradiction entre deux secteurs qui normalement cohabitent sans problème, mais qui là devenaient poreux et concurrents.

Qu'à la fin vous ayez un sentiment de solitude, c'est assez logique : en interne, c'est compliqué, et dans le cinéma on ne veut pas que les lignes bougent. Alors que vous, vous êtes dans la position du visionnaire, de celui qui veut créer une autre télévision pour essayer de faire exister des œuvres, et peu importe les conséquences de l'invention puisqu'elle permet la création !

Mon point de départ était en effet d'affirmer la fonction artistique de la télévision. Mais je ne crois plus à cela. Je crois que la fonction de la télévision est d'ordre ludique et social. Je ne suis plus sûr que la télévision soit le lieu où peut s'exprimer l'imaginaire de l'artiste.

Par rapport au cinéma, la télévision a l'inconvénient d'être fermée. Elle est striée par des mots d'ordre, elle est composée de cases, elle est dépendante de normes qui doivent générer de l'audience. Le goût du public est majoritairement conservateur. La multiplicité, la différence, ce n'est pas une priorité.

J'ai fini par comprendre que la télévision ne peut pas être un espace de création. C'est d'abord un espace de communication.

La télévision a une fonction sociale avant tout, ce n'est pas le lieu de l'art. Si elle l'est parfois, c'est de façon fragmentaire, ponctuelle.

Le succès que rencontrent aujourd'hui les séries est lié à un déploiement de l'imaginaire, à des récits qui s'étirent sur des temps très longs, ce qui est assez neuf, avec des sujets extrêmement variés. Il y a malgré tout une forme d'invention dans la série qui d'ailleurs n'envoie pas que des signes de modernité au cinéma. Et vous arrêtez au moment où les séries deviennent si populaires…

J'arrête parce qu'il est temps, parce que c'est nécessaire. Tout bascule, la création, l'invention se déplacent vers la fiction sérielle, du côté de HBO et de la BBC.

Channel 4 était alors l'oriflamme de la télévision. J'ai rencontré les gens de la BBC dans les marchés de programmes. Il y en avait un à Brighton en février. Mais je me rendais compte que nous n'arrivions pas à la cheville de la BBC, notamment du point de vue budgétaire.

Channel 4 vous inspirait ?

Bien sûr, HBO également et les chaînes du câble américain. Dès mon arrivée, j'ai rencontré le responsable de la fiction de Channel 4. Il était venu à Paris et j'avais été impressionné par cette notion purement anglo-saxonne de professionnalisme que nous n'avions pas vraiment en France. Ça simplifie tout le professionnalisme. Il y a des codes dans tous les domaines : financier, artistique, scénaristique. J'enviais cela.

Le format de la série vous intéressait ?

Il m'intéressait beaucoup. J'ai regretté d'être dans l'incapacité d'initier de vraies séries. J'en ai choisi, comme celle de Lars von Trier, car elles se proposaient toutes faites, mais à l'époque, il y avait des programmes sériels étonnants comme la série *Oz* sur une prison américaine. Les dialogues, la mise en scène, les personnages, tout m'impressionnait. C'était absolument nouveau. À chaque réunion d'équipe, je disais : « Il faudrait que nous fassions quelque chose comme HBO. » Mais une série comme *Oz* ou *Six Feet Under* ou même *Desperate Housewives*, pour moi, c'était impossible à faire par manque d'expérience. D'une part nous n'avions pas les moyens, et d'autre part le système du show runner n'était pas du tout présent en France en 1995-1996. Pour Arte à l'époque, c'était trop tôt, j'ai loupé le coche.

Pensez-vous qu'une série puisse être une œuvre d'art au même titre qu'un grand film ?

Oui, je crois. C'est là que s'exprime aujourd'hui la part créative de la télévision.

• Avec Humbert Balsan à Maaloula (Syrie)
pour le tournage de la série *La Porte du Soleil*, 2002 •
© Coll. privée / DR

IX

Son frère

Pendant votre aventure à Arte certains producteurs ont été de véritables compagnons de route : Georges Benayoun et Paul Rozenberg pour «Tous les garçons et les filles», Aïssa Djabri et Farid Lahouassa pour «Les Années lycée», ou Gilles Sandoz, associé à de nombreuses réussites, et qui au sein d'Agat Films coproduit dix-sept films avec vous.

Mais il y a aussi Humbert Balsan, qui vous accompagne pendant ces douze années.

J'ai rencontré Humbert très jeune, quai d'Anjou, chez Fabrizio Ruspoli.

Ayant tous les deux la même vie de dilettante, nous nous sommes tout de suite liés d'amitié.

J'avais vingt-sept ans et je venais de m'installer chez les Deleuze ; lui était plus jeune et avait interprété Gauvain dans *Lancelot du Lac* de Bresson.

La famille d'Humbert était assez connue parce que sa mère était une Sellière, la sœur d'Ernest-Antoine Sellière. Sa grand-mère était une Wendel et résidait à Ognon – près de Paris –, fief familial qui a donné son nom à la société d'Humbert.

J'ai souvent revu Humbert au CNC, il faisait partie de commissions d'Avance sur Recettes et d'Aide à la Distribution. C'est au CNC qu'il m'a fait rencontrer Yousry Nasrallah, cinéaste égyptien, qui était venu me voir avec un scénario en langue anglaise qu'il voulait présenter à l'Avance. Ça n'a pas été possible, mais je l'ai retrouvé plus tard et c'est un réalisateur qui a beaucoup compté pour Humbert et moi.

Vous avez coproduit plusieurs films de Yousry Nasrallah.

Oui, au moins trois, *Mercedes*, film absolument original. C'est la marque de fabrication de Yousry. Puis *La Ville*, tourné au Caire et à Paris sur un scénario co-écrit avec Claire Denis. Enfin, *La Porte du Soleil*. Cette mini-série sur la Palestine, j'y tenais et ce fut un véritable engagement de la part de Jérôme Clément et de l'unité Fiction. Le tournage a eu lieu principalement à Maaloula en Syrie, où nous sommes allés avec Jérôme et Humbert. Les films de Yousry sont vraiment de beaux souvenirs.

Avec Paulo Branco, Humbert est un des premiers producteurs à travailler avec vous…

Quand j'ai été nommé à Arte, Humbert m'a dit : « Maintenant que tu es patron de la fiction, nous allons voir comment tu t'y prends et si tu fais tes preuves. Je t'offre *Sabine* », un projet sur lequel il travaillait avec Philippe Faucon.
Je connaissais Philippe Faucon parce que j'avais vu *L'Amour*. Philippe est un « grand ». Si Bresson a une descendance, Philippe Faucon peut être considéré comme son petit-fils.

Après *Sabine*, Arte a coproduit cinq autres films de Philippe.

Avec Humbert, on a eu un lien de travail et d'amitié très

fort. Il a été un compagnon, un compagnon d'âme et d'armes aussi.

Nous passions des vacances avec sa femme Dona et ses filles. Quand Louise avait huit ans et Camille quatre ans, nous avons parcouru l'Égypte en bateau, terminant le séjour au Caire avec Youssef Chahine et sa femme Coco, très drôle.

Les dernières vacances ensemble, c'était en septembre à Venise, quelques mois avant sa mort. *L'Intrus* de Claire Denis était présenté à la Mostra. Humbert, Dona et moi étions dans la maison de Claude Bernard. Nous avons passé des jours merveilleux.

Il vous parlait de ses difficultés ?

À peine. Je sentais que c'était difficile financièrement. Mais là, à Venise, il n'y avait pas de problème, nous étions logés, nourris, la maison était fantastique, avec un jardin qui dépendait du Palais Brandolini.

Il ne s'est jamais ouvert à vous de ses problèmes ?

Il m'a parlé de ses accès de dépression et de ses problèmes d'argent sur le film de Béla Tarr. J'avais essayé de le dissuader de se lancer dans cette aventure. Il faut dire que j'avais eu une expérience décevante avec ce réalisateur. Avec le même projet, *L'Homme de Londres*, il était venu me voir à Arte. Le rendez-vous s'était bien passé mais quand il a vu le montant de la possible intervention de la chaîne, il a disparu et je n'ai plus jamais eu de ses nouvelles !

Quelques mois après Venise, Humbert et moi avons déjeuné en tête à tête un jeudi près de la Seine. Il a dû mourir le mardi suivant. Dona m'avait alerté, elle était très inquiète, elle le suivait partout. Je sentais Humbert sous le signe d'une menace. Lors de ce déjeuner nous avons parlé, doucement. Il regardait le ciel en me disant : « Béla Tarr, ce sera peut-être le film en trop. »

Le surlendemain, Yousry Nasrallah me téléphone en me disant : « J'en ai assez, c'est agaçant de travailler avec Humbert, il y a toujours des problèmes. » J'ai dit à Yousry : « Fais attention, Humbert peut faire une bêtise. »

Le mardi suivant Yousry m'a téléphoné, j'étais avec une amie, Marie-Laure de Daeker et il m'a dit : « Tu avais raison. Humbert est mort. Il s'est suicidé. »

J'étais dans un café, il était midi vingt.

Sa mort a été un choc. J'en ai beaucoup voulu au monde du cinéma. Je crois qu'il est mort du cinéma, de la maladie du cinéma.

C'est-à-dire ?

Aller toujours plus haut, plus grand, plus fort. Faire plus de films. Pour Humbert le cinéma, c'était tout. Il a voulu être ce qu'il est devenu, pour les gens qui avaient réussi, pour sa famille. À la fin, il n'avait plus le sens du réel ni de l'argent. On lui proposait, il acceptait pour continuer, et puis il est tombé.

Au mois de septembre, nous étions tous réunis dans la cour du Centre national des lettres pour ses cinquante ans. Dona, avec les filles, lui avait fait une surprise. Il a ouvert la porte de la cour rue de Verneuil et là, tout le monde s'est levé en l'acclamant. Il y avait sa famille, ses proches. Il a fait un petit discours pour chacun d'entre nous. Il était brillant, joyeux, comme peuvent l'être les bipolaires. Il avait des moments d'exaltation, de joie, d'enthousiasme et d'autres où il était perdu, dans la brume. Dans ces moments, il ne parlait presque plus. On sentait qu'il était ailleurs. Je pense qu'il était comme cela depuis longtemps.

Humbert avait de gros problèmes d'argent alors que sa famille était très fortunée…

Humbert n'a jamais voulu demander de l'aide, y compris à son oncle, Ernest-Antoine Sellière. Il voulait rester indépendant tout en étant très proche des siens.

Comment était Humbert dans le travail ? Je le connaissais, je le voyais de temps en temps, et j'avais l'impression qu'il avait tellement de films, tellement de projets qu'au fond il n'intervenait que lorsqu'il y avait des problèmes.

C'est un peu ça. Il soutenait toujours l'équipe artistique et intervenait peu, se référant aux diffuseurs : peut-être, malgré lui, à ceux qui avaient la puissance de l'argent. Lors des réunions de travail sur les scénarios, sur le montage, il était assez en retrait. Mais il y avait entre nous une réelle confiance, tout coulait de source. À vrai dire je parlais beaucoup plus que lui lors des visionnages de rushes et de montages par exemple. Pour *L'Intrus* il allait déjà mal, son assistant le fidèle Toufik Ayati veillait sans cesse sur lui.

De temps en temps, il avait une réflexion qui montrait qu'il était avec le projet. Mais par pudeur, il se voulait principalement responsable de la logistique. Il ne parlait presque jamais des aspects financiers. Il n'y avait jamais de problème : «Tout va bien, tout va bien», disait-il avec son beau sourire.

Il repose dans une petite maison, dans un cimetière à Paris, avec un chemin de fer à côté.

Le cimetière Montmartre. Il repose près de Truffaut.

C'est ça, vous avez raison.

Humbert est à l'initiative avec notamment Gilles Sandoz et quelques autres, d'un moment fort de votre vie, un après-midi de juin 2003. Vous veniez d'annoncer que vous quittiez Arte et votre assistante vous conduit au Club de l'Étoile pour, soi-disant, visionner un téléfilm en cours de montage…

C'était bouleversant, absolument bouleversant.

J'arrive au Club de l'Étoile et je tombe sur un très bel extrait de *Lawrence d'Arabie* avant la prise d'Akaba. Je suis sidéré : j'avais toujours fait le rêve avec Humbert de finir à Akaba. Plus jeune, je lui disais souvent pour rire : «Mon rêve c'est d'être garçon de plage à Akaba.»

Je ne réalise vraiment ce qui se passe qu'à la fin de la projection, puisque avant je ne voyais rien. Et là je me suis effondré parce que j'ai compris que c'était un adieu.

Heureusement, Romain Goupil est venu vers moi, j'ai posé ma tête sur son épaule et je crois que j'ai sangloté.

Vous étiez en larmes ce jour-là, je me souviens très bien. C'était impressionnant, la plupart des réalisateurs et des producteurs avec lesquels vous aviez travaillé pendant douze ans s'étaient réunis pour vous fêter. Je ne sais pas si beaucoup de gens ont vécu une chose pareille en quittant leur fonction.

J'ai compris l'expression «le sol se dérobe sous les pieds». Ça a été l'un des plus grands chocs émotifs que j'ai ressentis.

Je me souviens très bien du cocktail, de tous les gens que j'ai vus...

Humbert, lors de cette réunion, avait pris la parole. Quand il est mort, tout cela est revenu.

C'est très particulier ce lien que vous avez noué avec tous ces réalisateurs et ces producteurs, alors que vous n'étiez pas facile dans le travail. Les rendez-vous avec vous étaient impressionnants, ce n'était pas une formalité de venir vous voir. Les discussions sur les montages pouvaient aussi être très difficiles.

D'un côté il y avait cet attachement incroyable et dont ce livre témoigne, comme une façon de dire la reconnaissance et l'affection, et en même temps c'était quelquefois éprouvant.

Une chose me frappait pendant les réunions : votre capacité à créer les conditions de l'inspiration pour le metteur en scène. Peu de gens ont ce don. Gilles Sandoz l'a aussi, mais c'est rare, et dans l'acte de produire, c'est très important.

Après un rendez-vous avec vous, on avait les idées beaucoup plus claires : soit tout ce qu'on avait pensé jusque-là s'était écroulé, soit le projet était renforcé. Vous aviez ce sens-là.

Je me souviens aussi du premier rendez-vous que j'ai eu avec vous, c'était pour un projet de Jean-Paul Civeyrac, une adaptation

de* La Voix humaine. *Je n'étais pas assis depuis quatre minutes que vous m'aviez déjà dit que vous détestiez ce texte, que d'une façon générale vous aviez peu d'intérêt pour l'œuvre de Cocteau, que jamais vous ne feriez l'adaptation de cette pièce, mais que de toute façon la question ne se posait pas car cela ne dépendait pas de votre unité de programmes !

Je suis sorti en me disant : « Il est raide ! »

Il y avait à la fois un côté très attentif, toujours très poli, et en même temps définitif. Il y avait parfois une espèce de dureté…

… de brutalité.

… de brutalité, et en même temps une capacité à créer un attachement profond avec ces cinéastes et ces producteurs que vous aimiez, tout en les malmenant parfois.

Une autre chose était frappante pendant les séances de travail : votre concentration. On vous sentait totalement présent à la situation, avec une écoute incroyablement attentive.

La concentration, je la devais à mes interlocuteurs. Je l'ai aussi dans les échanges d'amitié, ou avec ma famille.

C'est une forme de bonheur, la concentration, c'est l'échange à 700% et c'est comme une drogue à certains moments. J'aimais ça.

À propos de votre travail pendant ces douze années, on a souvent évoqué le principe du studio de la grande époque hollywoodienne où les réalisateurs répondaient à des commandes, avaient des contraintes de temps de tournage, de budgets…

Dans le studio hollywoodien j'ai l'impression que le producteur décide de tout, ce qui bien sûr n'était pas mon cas.

Mais il est vrai que depuis l'adolescence j'ai toujours aimé le mot « studio », et pas en référence aux studios américains que je ne connaissais pas, mais par rapport à l'origine du mot qui vient du latin « *studere* », travailler, un endroit pour le travail.

J'aimais l'idée de proposer un lieu pour que les réalisateurs et les producteurs puissent travailler, et j'aimais que mon bureau soit un lieu de passage, de travail, d'échanges.

Une autre chose me plaisait, c'était le volume. La notion de quantité, de masse, m'a souvent plus fasciné que la notion de qualité. Je devais fournir cinquante heures de programmes par an, soit une bonne trentaine de films. C'est une toute petite masse, mais ça me permettait de travailler vraiment et de prendre des risques, tout en veillant à maintenir des programmes plus consensuels.

Vous aviez réussi à créer une grande émulation dans la profession. Vous n'imaginez pas combien de producteurs et d'auteurs ont réfléchi à des idées de collections à vous proposer : il y avait la conscience qu'un espace s'ouvrait. Faire un film avec vous, pour vous, était une chance comme si cela envoyait un signal de qualité sur le film et sur son réalisateur. On a d'ailleurs souvent dit que certains cinéastes avaient fait leur meilleur film avec vous.

Une autre chose que je trouve remarquable dans votre travail, c'est qu'à mon sens vous avez incarné une génération.

En quatre ou cinq ans, à la fin des années 1980, début 1990, émerge un nombre de talents incroyables : dans la littérature, la musique, la mise en scène de théâtre et tout particulièrement dans le cinéma où

l'on peut dire que les réalisateurs, acteurs et producteurs apparaissent par dizaines. C'est presque plus impressionnant que la Nouvelle Vague, en tout cas par le nombre, même si cette émergence n'est pas accompagnée d'un mouvement esthétique ; en 1990, la plupart des jeunes cinéastes sont dans l'héritage de la Nouvelle Vague, incarnée par quelques personnalités très fortes comme, en son temps, l'avait été l'impressionnisme. Alors que cette génération des années 1990 n'a pas de porte-drapeau clairement identifié.
Très discrètement, c'est peut-être vous qui l'avez le mieux incarnée, en l'identifiant, en la découvrant et en la réunissant.

C'était comme un champ de fleurs, il suffisait de regarder et de se pencher pour cueillir.

Il y avait du talent, il fallait être attentif et aimer, aimer le talent.

• Pierre Chevalier (2010) •
© Coll. privée / DR

X

Le Chêne et le Roseau

Pourquoi quittez-vous Arte ?

Depuis un ou deux ans j'étais épuisé, je sentais que j'allais tomber, que j'allais retourner à l'hôpital.

Vous aviez peur de retomber en dépression ?

Oui.

Je me souvenais que Claude de Givray, la personne avec qui, finalement, j'ai eu le plus d'affinités en travaillant à la télé, était parti de TF1 au bout de dix ans. C'était resté dans ma tête. Et moi, au bout de dix ans, après 2000, je n'en pouvais plus.

Cette volonté de rester debout, de ne pas tomber, je sentais qu'elle tenait à un fil.

À ce moment-là, Richard Peduzzi m'a dit : «Tu en as marre, je te propose de me rejoindre à la Villa Médicis. Je suis seul et j'ai besoin d'être aidé.»

J'ai attendu presqu'un an avant de me décider. Richard me proposait le poste de Secrétaire général où il y a beaucoup d'administratif, de financier, j'hésitais. Puis il décide de créer un poste de conseiller artistique auprès de lui, poste accepté par le conseil d'administration. On est en mai et sans en parler à personne, je dis oui.

Je l'annonce à Jérôme qui est surpris, mais Jérôme est plus malin que les autres. Il devine à mon ton de voix que ma décision est prise. Il n'a pas insisté et m'a dit que nous allions nous occuper de ma succession.

Je déjeune avec oncle Pierre pour lui annoncer, et sa réaction me surprend : « Oui, ça va te changer, tu auras un rythme moins soutenu, mais que feras-tu quand tu vas revenir ? » Son avis était très mitigé.

Nous étions à Aix pendant le festival où il avait donné trois pièces de Falla, Stravinsky et Schoenberg dans une mise en scène de Grüber. Il n'y a eu qu'une représentation, c'était l'année de la révolte des intermittents.

Son avis compte pour vous à ce moment-là ?

Il me perturbe, mais je le mets sur le fait que Pierre n'avait jamais eu de réelles affinités avec Richard Peduzzi. Pierre aimait et estimait Chéreau, point.

Moi j'étais tellement heureux de me sentir libéré de ces journées de quatorze heures avec un emploi du temps rempli deux ou trois mois à l'avance !

À partir de juin 2003, j'ai travaillé sur les deux structures, et à Arte j'ai lancé mes derniers projets ...

On peut s'arrêter sur les derniers films que vous engagez avant de partir,* L'Homme des bois *de Pascale Ferran –* L'Amant de Lady Chatterley *au cinéma – et* Les Amants réguliers *de Philippe Garrel...

Pour *Les Amants réguliers*, c'est Gilles Sandoz qui m'a proposé de rencontrer Philippe Garrel. Les rendez-vous avec Garrel sont impressionnants, il a une telle présence. J'y suis allé un peu fort à la conférence des programmes car je voulais que le film ait le maximum de budget. Je me demandais comment j'allais m'y prendre pour obtenir un avis favorable. Je l'ai présenté comme une première partie de soirée en couleur sur Mai 68 ! Je me suis dit : je pars, ça se fera, Gilles le fera. On signe, et puis après…

Vous saviez déjà que le film serait en noir et blanc ?

Évidemment ! J'y étais allé au culot. Pour Pascale Ferran un peu moins, mais enfin je ne démentais pas ceux qui croyaient qu'on allait faire un film érotique.

Vous aviez déjà fait un film marquant avec elle…

Avec Pascale c'est une longue et tendre histoire. Nous nous sommes vus – et confrontés – pour la première fois au CNC. Son court-métrage *Le baiser* avait été refusé à la prime à la qualité.

La collection « Génération TNS » (Théâtre national de Strasbourg) l'intéressait. Elle est venue me présenter *L'Âge des possibles* qu'elle considérait sincèrement comme un projet de téléfilm. Le scénario était écrit avec Anne-Louise Trividic. Aussitôt écrit, aussitôt tourné. Le budget était minuscule. Le film est diffusé sur la chaîne en même temps qu'il sort en salle, en 1996 me semble-t-il. Véritable succès, couverture de *Télérama*, Sept d'or du Meilleur Téléfilm… Nous ne nous sommes pas quittés.

Il y avait un troisième film d'un réalisateur japonais, Noburo Suwa, qui avait fait *H/Story, M/Other.* J'avais aimé ses films et Caroline Champetier m'a apporté ce projet. Un autre projet aussi de Rachid Masharawi, un Palestinien, avec un film intitulé *Attente*, mélange de documentaire et de fiction.

Ces quatre films ont été les derniers feux. François Sauvagnargues, m'ayant remplacé, a suivi le film de Pascale que produisait également Gilles Sandoz ; Isabelle Huige, le film de Rachid et Arnaud Louvet, celui de Suwa.

Dans le même temps, je travaillais à une esquisse de programmation de la Villa sur trois ans.

Vous aviez le désir d'aller là-bas ?

J'avais surtout envie d'être loin, de souffler, d'oublier les tensions du milieu du cinéma et de la télévision, qui n'étaient pas mon milieu.

C'était quoi, votre milieu ?

Mille milieux ! Mais de tous ceux que j'ai fréquentés, c'est celui des gens du monde qui me convenait le mieux. Je vous le dis mais c'est une chose que je ne comprends pas moi-même. Je ne me qualifie pas de mondain, simplement je crois que j'ai une vraie attirance pour le vide, et ces gens sont souvent vides, dans leurs affects, leur rapport au monde. C'est vrai, je n'arrive pas à comprendre, à me comprendre.

Enfin, j'arrive à Rome en octobre 2003 avec mon déménagement. Je garde tout de même mon studio de l'Ile Saint-Louis sur les conseils avisés de Richard Peduzzi. Je le retrouve avec son épouse Pénélope et ses enfants, très hospitaliers, m'accueillant à bras ouverts. Richard me donne son atelier.

Je rencontre les pensionnaires, le personnel, et commence à travailler en préparant une conférence de presse.

Richard avait plein de projets, tout en changeant souvent d'avis, de comportement. Il avait des rapports conflictuels avec certains de ses collaborateurs, pouvait se mettre en colère pendant les réunions. L'atmosphère était souvent tendue. Je ressentais cette tension et je la supportais difficilement.

Et soudain je suis tombé, comme dans des escaliers.

La chute, une perte de tout, de Paris, de ma langue, de ma famille, de mes très proches amis, d'Arte… et aussi du milieu du cinéma !

En novembre, je n'étais plus du tout le même.

J'avais pris une très mauvaise décision, je ne m'étais pas rendu compte du deuil que pouvait provoquer cette rupture avec Paris. Je suis rentré, direction l'Hôtel-Dieu en urgence, et me suis retrouvé à l'hôpital psychiatrique, comme vingt ans plus tôt.

Grâce à un médecin j'ai pu m'en sortir, enfin à peu près.

Pierre m'a proposé de passer ma convalescence à Baden. J'y suis resté trois semaines, il a été formidable. C'était l'hiver, j'ai pris des cours d'italien et après deux semaines chez Fabrizio Ruspoli, je suis rentré à Rome.

Richard était distant. Il avait été envahi par les intermittents à Noël. J'ai senti qu'il y avait un changement. Au bout de quelques jours j'ai compris qu'il avait proposé mon poste à Tanguy Viel, un jeune écrivain pensionnaire avec lequel j'avais beaucoup sympathisé, c'est d'ailleurs Tanguy qui me l'a appris.

J'ai essayé de m'accrocher ; on a fait venir six pianistes pour l'intégrale des sonates de Beethoven dans la cour d'honneur, je me suis aussi occupé de la salle de cinéma. Autant Richard avait été impatient de me faire venir, autant ma présence lui était devenue gênante et superflue.

Pendant les vacances d'été je vais à Bayreuth où Pierre dirige *Parsifal*.

Bayreuth est à nouveau un refuge. Quarante ans après votre fugue c'est là, et toujours avec votre oncle, que vous retournez à un moment difficile de votre existence.

La première fois, j'étais parti pour m'éloigner du cercle familial, mais cette fugue m'avait rendu heureux. Là, j'étais malheureux, comme je l'ai rarement été dans ma vie. Pierre, qui cette année-là dirigeait pour la derrière fois à Bayreuth, a été une nouvelle fois présent ; j'ai retrouvé de la force à ses côtés.

En septembre, je suis retourné à Rome et j'ai prévenu Richard que je souhaitais partir. Il a proposé de me garder jusqu'à la fin de l'année et m'a commandé un rapport sur la Villa que j'ai rédigé à Paris.

La rupture a été dure, le retour à Paris aussi puisqu'à cinquante-neuf ans, il a fallu retrouver du travail.

J'ai sollicité ceux que je connaissais dans le milieu de la production qui semblaient pouvoir engager quelqu'un. J'ai sollicité les chaînes, bien sûr. À Canal +, Fabrice de la Patellière m'a reçu, et à France Télévisions, David Kessler.

Ce sont les seuls ?

Oui.

C'est toujours plus incroyable qu'on ne se l'imagine, ces moments qui suivent la perte d'un poste de pouvoir dans le monde de l'audiovisuel…

La seule chose concrète qu'on m'ait proposée, c'était de faire des fiches de lecture.

Et puis les Lang m'ont aidé.

Jack Lang, Monique et Valérie me parlent d'Émergence, une association qu'ils ont créée avec Gérard Depardieu pour soutenir de jeunes auteurs, leur faire tourner des essais. Jean Cazès en était le président et Élisabeth Depardieu, la directrice artistique. Elle souhaitait quelqu'un pour l'épauler, pour sélectionner avec elle de jeunes réalisateurs.

Je rencontre Élisabeth, ça se passe très bien. Je rencontre Jean Cazès qui me propose d'être à moitié sur Émergence, à moitié producteur à Initial Group, sa société. C'était génial pour moi, je retrouvais un emploi, et travailler à Émergence me permettait de faire ce que j'aimais : accompagner de jeunes metteurs en scène. J'ai rencontré des gens formidables, mais la vraie rencontre a été Sylvie Pialat qui commençait à produire.

Je suis resté à Émergence et à Initial Group pendant deux trois ans, jusqu'à ce que David Kessler me propose de venir à France Culture.

Il avait dû quitter la direction du CNC, Catherine Colonna, la porte-parole de Jacques Chirac, ayant été nommée à sa place. Après quelques mois comme conseiller à France Télévisions, époque où il m'avait reçu, David a succédé à Laure Adler à la direction de France Culture. Il me proposait de devenir conseiller aux documentaires. Lui seul pouvait avoir cette idée, j'avais fait de la fiction pendant douze ans ! Et quand je lui disais que je ne connaissais rien aux documentaires, il répondait : « Eh bien tu apprendras ! »

J'ai été son conseiller pendant six mois, passés à écouter des heures et des heures de documentaires. Il m'a ensuite proposé de prendre la case documentaire quotidienne de seize heures à dix-sept heures et de faire ce que je faisais à Arte, des collections, des séries, des thèmes. Le début a été dur, le personnel de Radio France est très corporatiste et en même temps d'une qualité inouïe.

J'ai travaillé avec une centaine de producteurs pour cette émission intitulée *Sur les docks*. Les producteurs à la radio sont les réalisateurs au cinéma, et les réalisateurs de radio sont les monteurs au cinéma. J'ai fait venir beaucoup de jeunes. Laurence Bloch a été une précieuse directrice adjointe, elle sait « être avec ». Marc Voinchet était conseiller et chargé des magazines, et Blandine Jeanson veillait sur la création littéraire. La dream team !

À cette période vous imaginiez revenir à Arte ?

Pas un instant jusqu'à ce que Jérôme me fasse part des difficultés relationnelles qu'il rencontrait avec son directeur éditorial : « Il me faudrait quelqu'un qui connaisse les programmes et renoue le dialogue social. » Il me dit aussi que j'ai fait preuve de créativité et que je dois pouvoir renouveler cela. À plus de soixante ans, faire preuve à nouveau de créativité ne me paraissait pas évident, mais j'ai accepté la proposition.

Fin 2008, retour à Arte, deuxième saison !

Au début c'était lourd parce que je présidais encore l'Avance sur Recettes que Véronique Cayla – devenue directrice générale du CNC – m'avait proposée quand j'étais à France Culture. C'était drôle : j'avais été chef du service des aides sélectives et assuré le secrétariat de l'Avance sur Recettes, et maintenant on me proposait de la présider !

Présider l'Avance sur Recettes, c'est du boulot : des centaines de lectures, de multiples réunions passionnées et passionnantes, parfois longues comme un jour sans pain. Dans ma fonction, j'ai été terriblement partisan et passionné. Les échanges furent parfois vifs. J'ai aussi fait de belles rencontres comme Bertrand Bonello, Édouard Weil, et Rafaële Garcia, qui faisait le travail que j'avais fait vingt ans plus tôt. Rafaële c'est la grâce, la femme idéale, celle qu'on aimerait avoir toujours à côté de soi.

Avec Véronique Cayla, aucun problème pendant cette présidence, aucune intervention de sa part, pas une.

Sur les décisions, il est évident qu'on n'est jamais satisfait. Le nombre de fois où je me suis dit qu'on se trompait… Et puis il faut éviter le fameux consensus mou.

Après un an et demi d'Avance sur Recettes, j'ai démissionné pour ne me consacrer qu'à Arte. Jérôme allait probablement partir au terme de son quatrième mandat, et il a fallu gérer la fin de règne, l'angoisse des gens, les petites manœuvres, les interventions pour servir tout le monde avant la fin. J'ai initié ou soutenu très peu de choses. Avec François Sauvagnargues et Arnaud Jalbert, la série *Ainsi soient-ils* et aussi l'achat de *Breaking Bad*. Avec Pierrette Ominetti, qui avait remplacé Thierry Garrel, nous voulions faire une série sur une nouvelle lecture du marxisme. Le projet s'est réalisé sous une autre forme avec un talentueux producteur, Bruno Nahon. Mais mon travail était très institutionnel, j'étais entre Strasbourg et Paris puisque je siégeais à la conférence de programmes de Strasbourg. C'était bien, mais je ne voulais plus être juge. D'autant que pour pouvoir dire oui, il faut dire non et savoir s'accrocher au non. Je voulais en finir, et j'en ai fini d'une façon inattendue.

À cette époque je terminais une mission sur l'audiovisuel que m'avait confiée Frédéric Mitterrand : écriture, développement, formation des scénaristes.

Avec Sylvie Pialat et Franck Philippon, on auditionne beaucoup, les syndicats, la guilde des scénaristes, les réalisateurs, etc. Un jour à huit heures trente du matin on a un rendez-vous avec l'Uspa, un syndicat de producteurs. En sortant du taxi je glisse sur la neige, impossible de me relever. J'ai été transporté dans une boucherie sur une chaise ! Les pompiers ont été appelés. J'ai eu la force de téléphoner à Sylvie qui m'a accompagné jusqu'à Bichat. Elle a été adorable.

Deux opérations, une autogreffe et une année en fauteuil roulant : voilà le résultat de cette mission et de cette chute presque comique.

J'ai chuté le 6 décembre 2010 et Véronique Cayla a été nommée à la présidence d'Arte le 1er janvier 2011.

Quelques jours avant mon accident, j'avais dîné longuement avec elle pour l'entretenir des sujets urgents et parler de mon départ en retraite et du choix de mon successeur qui devait être Vincent Meslet.

Je me souviens que l'année qui a suivi votre chute vous avez été obligé de vous installer chez votre oncle car vous ne pouviez plus monter d'escaliers.

Ce n'était pas chez lui, mais dans un appartement qui lui servait de bureau à Vincennes.

Son soutien a été précieux. Avant cet accident je ne lui avais jamais rien demandé et il ne m'a d'ailleurs jamais aidé autrement que par les dons qu'il m'a faits : sa force, son exemplarité.

Je me suis toujours relevé grâce à lui, surtout après Rome.

Vous aviez quel rapport avec lui pendant toutes vos années passées à Arte ?

Nos rapports étaient plus rares que pendant l'adolescence et la jeunesse.

Pierre était partout dans le monde, particulièrement aux États-Unis – New York, Chicago, Cleveland. Et moi j'étais plus occupé qu'avant. Mais nous arrivions à dîner régulièrement tous les deux chez lui, quai André Citroën.

On se voyait, mais d'une façon tout à fait différente de ce que j'avais connu. Je ne dirais pas que c'était d'égal à égal, mais plutôt d'adulte à adulte. Il parlait de ses projets, de ses concerts, nous évoquions la musique qu'il se mettait à diriger à cette époque : Malher, Bruckner.

On parlait de la Cité de la musique et de la Philharmonie, et toujours de littérature.

Je me souviens d'un vif échange à propos de Flaubert. J'aime beaucoup *Salammbô*, je trouve que c'est une langue magnifique, mais lui n'aimait pas, tout simplement parce que cela se passe sous l'Antiquité. Tout ce qui était grec, égyptien, mésopotamien, il évacuait complètement. La Grèce est une chose qui non seulement l'indifférait mais le rendait très critique ! De toute sa vie, il n'est jamais allé en Afrique. Il allait dans les villes, les métropoles, il aimait la modernité.

Il s'intéressait à votre travail ?

Il ne le suivait pas, mais il s'y intéressait. Il était très accueillant pour m'écouter, essayer de comprendre ce que je faisais. Une seule fois j'ai compris qu'il avait vu un programme de l'unité et que ce programme l'avait vraiment intéressé : *Le Coffre de la vie* de Ossama Mohammed, réalisateur de *L'Eau argentée*. Il a seulement dit : « Ça, c'est vraiment un film. »

La seule fois.

Oui.

Sur « vos » 350 films il n'en voit qu'un seul…

Vous savez, la chanson de Françoise Hardy *Tous les garçons et les filles* n'était pas tout à fait sa tasse de thé ! Et puis, Pierre a toujours préféré l'analyse au compliment.

De toute façon, même s'il appréciait Bresson, Pierre n'aimait pas vraiment le cinéma, ça lui paraissait un art trop simple, et il trouvait qu'à notre époque l'image avait pris le pouvoir par rapport à d'autres formes d'expression comme la musique.

Et que pensez-vous de l'omniprésence des images dans notre société, et plus généralement du numérique ?

Je pense que du point de vue artistique et même culturel, le numérique a encore beaucoup à faire pour dépasser sa fonction principale de communication.

À long terme, le cinéma peut-il pâtir du numérique ?

Les nouvelles inventions ont souvent laissé leur place aux anciennes. La photographie n'a pas tué la peinture, le cinéma n'a pas tué la photographie, la télévision n'a pas tué le cinéma.

Le cinéma est une puissance, et l'immatériel, me semble-t-il, sera toujours là.

Le numérique produira des œuvres, incontestablement, qui coexisteront avec le cinéma. Mais la pratique du numérique est individuelle, celle du cinéma est collective et ne s'éteindra pas comme ça. Des salles, il y en aura encore pendant très longtemps.

La création c'est bien, mais parfois « le peuple manque » comme disait Paul Klee, repris par Gilles Deleuze. Les peuples qui manquent actuellement sont les peuples à venir en Afrique, en Asie. Il y aura d'autres productions très éloignées de nous, de ce que les cinéastes ont inventé sous la forme du cinéma d'auteur, et il y aura certainement de nouvelles pratiques, avec la création de petits collectifs, de réseaux.

Lorsque vous étiez à Arte, les rendez-vous se terminaient souvent par cette phrase : « L'époque a du génie, il faut le saisir », est ce que vous la prononceriez toujours avec autant d'enthousiasme ?

Je la dirais moins fort.

Il y a aujourd'hui des drames absolus, mais je préfère vivre aujourd'hui qu'il y a cent ans. Il y a eu un vrai progrès, c'est lent, ça avance par crises, par guerres, mais les gens sont moins dans le malheur, même s'il y a des malheurs.

Je vis très retiré du monde maintenant, mais mon époque m'intéresse toujours autant.

Je regarde plus qu'avant les informations et les documentaires. J'ai changé. Il y a encore quelques années, c'était la fiction et le cinéma qui m'importaient ; c'est comme si j'en avais moins besoin, comme s'il était plus essentiel pour moi de voir enfin le réel.

Mais j'ai encore des émerveillements au cinéma. J'ai été stupéfait par le dernier film d'Alain Guiraudie, *Rester vertical*. Je me suis dit qu'il y a dix ou vingt ans, cela aurait été impossible et là, quelqu'un invente un film très nouveau dans une absolue liberté.

Comment expliquez-vous cette morosité qui domine notre société ?

Je crois que c'est la grande névrose blanche. L'homme blanc est névrosé jusqu'à un point qui peut lui être fatal. J'imagine l'Occident blanc éteint, balayé par des peuples à venir. Nous sommes très repliés sur nous-mêmes, tourmentés par les notions d'âme, de religion, de passé, et je parle en connaissance de cause. On a produit une dépression qui est terrible. C'est aussi le destin des peuples anciens, on est devenu un peuple qui a peur. Je parle de l'Occident, mais la France bat des records, nous avons un sens, un goût du drame. Nous n'arrivons pas à dépasser l'individuel. Oui il y a des choses graves, mais si l'on voyage on voit des forces considérables et nous, les forces nous manquent.

Peut-être qu'avec toutes ces nouvelles formes de familles, l'extinction de la notion de famille classique va susciter des choses nouvelles. La structure familiale depuis des siècles a créé aussi cette névrose. La famille, un sacré nid à névroses, à empêchements.

Et que devient votre rapport aux artistes ?

Il y a des sens qui ont diminué, comme l'intuition, le regard. La vie se referme sur elle-même. Il reste un noyau de survie : découvrir un nouvel artiste, aller au cinéma, au théâtre, connaître ou reconnaître. Mais je ne pourrais plus être proche de la création, c'est trop fort. Et je n'ai plus la force pour avoir la perception de la création chez les autres.

C'est cette force qui vous a permis de faire tout ce que vous avez réalisé à Arte ?

Oui, je pense. La chose que je préfère au monde, c'est la découverte.

Découvrir un visage, un ciel, un artiste, une forme, de nouvelles personnes, de nouveaux pays. Oui, c'est ce que j'aime le plus au monde. Toute ma vie ça a été ça, l'émerveillement de la découverte.

C'est dans l'émerveillement que vous avez trouvé l'énergie de faire ?

Oui, découvrir, c'est très gai… Pour le moment.

Paris, juillet-décembre 2016

LES FILMS DE L'UNITÉ FICTION D'ARTE FRANCE 1991-2003

Plus de 350 titres, 260 réalisatrices et réalisateurs,
516 heures de programmes, 76 sorties cinéma* et plus de 300 récompenses.

Les collections

• BORGES (4 x 60 min) – 1991/1993
Emma Zunz de Benoit Jacquot
L'Intruse de Jaime Chavarri
La Mort et la Boussole d'Alex Cox
Le Sud de Carlos Saura

• HISTOIRES RUSSES (7 x 60 min) /1992
Au bord de l'Irtych de Slava Sorokine
La Clé de Pavel Choukraï
L'Enfant du désert de Victor Titov
Le Manuscrit d'Alexandre Mouratov
Salle d'attente de Rosa Orinbassarova
Le Tchékiste d'Alexandre Rogojkine
La Victoire des ténèbres d'Igor Maslennikov

• LES QUATRE ÉLÉMENTS (4 x 60 min) /1992
L'Air // Le Jour de mon anniversaire de João Botelho
L'Eau // Le Dernier Plongeon de João-Cesar Monteiro (version longue*)
Le Feu // Bonne Mine a mauvais jeu de Joaquim Pinto
La Terre // Le Bout du monde de João Mario Grilo

• LES ANNÉES LYCÉE (5 x 90 min) 1993/1995
Un air de liberté d'Éric Barbier

Le Péril jeune de Cédric Klapisch*
Attention fragile de Manuel Poirier
Sa vie à elle de Romain Goupil
Petites de Noémie Lvovsky (version longue : *La vie ne me fait pas peur**)

• TOUS LES GARÇONS ET LES FILLES DE LEUR ÂGE
(9 x 60 min) /1994
Le Chêne et le Roseau d'André Téchiné (version longue : *Les Roseaux sauvages**)
US go home de Claire Denis*
Portrait d'une jeune fille à la fin des années 60 à Bruxelles de Chantal Akerman*
La Page blanche d'Olivier Assayas (version longue : *L'Eau froide**)
Paix et Amour de Laurence Ferreira Barbosa
Travolta et Moi de Patricia Mazuy
L'Incruste d'Émilie Deleuze
Bonheur de Cédric Kahn (version longue : *Trop de bonheur**)
Frères d'Olivier Dahan

• SIMENON DES TROPIQUES (8 x 90 min) 1995/1999
Le Blanc à lunettes d'Edouard Niermans
Les Clients d'Avrenos de Philippe Venault
Le Crime de Monsieur Stil de Claire Devers
Les Gens d'en face de Jesus Garay
Le Passager clandestin d'Agusti Villaronga
Le Policier de Tanger de Stephen Whittaker
Long cours d'Alain Tasma
Coup de lune d'Eduardo Mignona

• COURT TOUJOURS (3 x 30 min) /1995
L'Inconnu d'Ismaël Ferroukhi
Joséphine et les Gitans de Vincent Ravalec
Le Dernier Chaperon rouge de Jan Kounen

• GÉNÉRATION T.N.S. (4 x 100 min) 1996/1999

L'Âge des possibles de Pascale Ferran – 1996*

Culpabilité zéro de Cédric Kahn – 1997

Qui sait ? de Nicolas Philibert – 1998*

Ça c'est vraiment toi de Claire Simon – 1999

• AFRICA DREAMING (6 x 26 min) /1997

Malambo de Palesa Letlaka-Nkosi

La Dernière Image de Farai Sevenzo

Le Retour de Richard Pakleppa

Sabrya, le carré de l'échiquier d'Abderrahmane Sissako

Le Regard des étoiles de João Ribeiro

Ainsi soit-il de Joseph Gaye Ramaka

• 2000 VU PAR… (9 x 60 min) 1997/1998

La Vie sur terre d'Abderrahmane Sissako*

Chez Walter de Romuald Karmakar

Le Mur d'Alain Berliner

Minuit de Walter Salles (version : *Le Premier Jour**)

La Dernière Nuit de Don Mc Kellar (version longue : *Last Night**)

Ma Première Nuit de Miguel Albaladejo (version longue : *La primera noche de mi vida**)

Le Livre de la vie de Hal Hartley

Les Sanguinaires de Laurent Cantet*

Tamas et Juli d'Ildiko Enyedi

La Dernière Danse de Tsai Ming-liang (version longue : *Last Dance**)

• TERRES ÉTRANGÈRES (4 x 90 min) 1997/1999

Les Enfants du Karoo de Laurent Ferrier

Inca de oro de Patrick Grandperret*

Couleur Havane de Patrick Grandperret

Beau Travail de Claire Denis*

• GAUCHE/DROITE (6 x 60 min) /1999
Le Petit Voleur d'Erick Zonca*
Retiens la nuit de Dominique Cabrera (version longue : *Nadia et les Hippopotames**)
La Voleuse de Saint-Lubin de Claire Devers
Tontaine et Tonton de Tonie Marshall*
Les Terres froides de Sébastien Lifshitz
Le Détour de Pierre Salvadori (version longue : *Les Marchands de sable**)

• PETITES CAMÉRAS (7 x 90 min) 1999/2000
La Chambre des magiciennes de Claude Miller*
Clément d'Emmanuelle Bercot
Nationale 7 de Jean-Pierre Sinapi
Les Yeux fermés d'Olivier Py*
Sur quel pied danser ? de Jacques Fansten
Sa mère la pute de Brigitte Roüan
Le Long Chemin du paradis de Dani Levy

• AUX QUATRE COINS DU MONDE (4 x 90 min) 2001/2002
L'Ouest – Les Oreilles sur le dos de Xavier Durringer
Le Nord – Jim la nuit de Bruno Nuytten
Le Sud – Les Pygmées de Carlo de Radu Mihaileanu
L'Est – Au bout du rouleau de Thierry Benisti

• MASCULIN-FÉMININ (10 x 90 min) 2001/2002
Brève Traversée de Catherine Breillat
Motus de Laurence Ferreira Barbosa
Anomalies passagères de Nadia Farès
Des Epaules solides d'Ursula Meier*
Sous mes yeux de Virginie Wagon
Demain et tous les jours après de Bernard Stora

L'Amour au soleil de Bruno Bontzolakis
Drôle de genre de Jean-Michel Carré
Une minute de soleil en moins de Nabil Ayouch*
La Chose publique de Mathieu Amalric*

• MÈRES-FILLES (2 x 90 min) /2001
Nadia et Sarra de Moufida Tlatli
Tsé-Tsé de Philippe Le Guay

Cycles

• PETITS GANGSTERS (5 x 60 min) 1998/1999
Les Vilains de Xavier Durringer – 1998
Le P'tit Bleu de François Vautier – 1998
Petit Ben d'Ismaël Ferroukhi – 1998
Le Miroir aux alouettes de Francis Fehr – 1999
Premières Neiges de Gaël Morel – 1999

• AU TRAVAIL (2 x 90 min) 1999
Ressources humaines de Laurent Cantet – 1999
De gré ou de force de Fabrice Cazeneuve – 1999

• REGARDS NOIRS (5 x 90 min) 1999/2000
Daresalam de Serge Issa Coelo – 1999
Libres de Jean-Pierre Sauné – 2000
IT Immatriculation Temporaire de Gahité Fofana – 2000
Roues libres de Sidiki Bakaba – 2000
Tet Grenne de Christian Grandman – 2000

Séries et mini-séries

Time code III – Les rituels de l'amour (3 x 24 min) de Pierre Trividic – 1991

L'Affaire Seznec (2 x 100 min) d'Yves Boisset

Association de bienfaiteurs (6 x 90 min) de Jean-Daniel Verhaeghe – 1992

L'Empereur de Portugallia (3 x 60 min) de Lars Molin – 1992

Les Meilleures Intentions (4 x 100 min) de Bille August – 1992 (version courte*)

Algéries – 1993

· *Les années déchirées* de Rachid Bouchareb*

· *Les yeux de Cécile* de Jean-Pierre Denis*

Le Chagrin des Belges (3 x 90 min) de Claude Goretta – 1993

Germaine et Benjamin (12 x 26 min) de Jacques Doillon – 1994 (version courte : *Du fond du cœur**)

L'Hôpital et ses fantômes 1 et 2 (6 x 60 min) de Lars Von Trier – 1994/1997

La Vie de Marianne (2 x 90 min) de Benoît Jacquot – 1994

L'Affaire Dreyfus (2 x 100 min) d'Yves Boisset – 1994

Les Allumettes suédoises (3 x 110 min) de Jacques Ertaud – 1995

· *David et Olivier*; *Trois sucettes à la menthe*; *Les noisettes sauvages*

L'Allée du Roi de Nina Companeez – 1995*

Les Alsaciens ou les deux Mathilde (4 x 90 min) de Michel Favart – 1995

Underground (6 x 60 min) d'Emir Kusturica – 1996 (version courte*)

Terre violente (3 x 90 min) de Michaël Offer – 1997

Pepe Carvalho d'après Montalban (6 x 90 min + 5 x 90 min) – 1998/2002

1re saison (6 x 90 min) – 1998

· *La Solitude du manager* de Merzak Allouache

· *Histoire de famille* d'Emmanuelle Cuau

· *Le Petit Frère* d'Enrique Urbizu

· *La nostalgie commence dans l'assiette* de Rafael Moleon

· *Sheherazade* de Franco Gilardi

· *L'avant-centre sera assassiné à la tombée du jour* de Franco Giraldi

2e saison (4 x 90 min) – 2000/2002

· *Les Mers du Sud* de Philippe Venault

· *Rendez-vous avec la mort à Up and Down* de Laurent Jaoui

· *La Rose d'Alexandrie* de Rafael Moleon

· *Le Prix* de Fabrice Cazeneuve

Pierre ou les ambiguïtés (3 x 60 min) de Leos Carax – 1998 (version courte : *Pola X**)

Campagnes (6 x 26 min) d'Olivier Langlois – 1999

L'Algérie des chimères (3 x 90 min) de François Luciani – 1999

Julien l'apprenti (2 x 90 min) de Jacques Otmezguine – 1999

Les Déracinés (2 x 90 min) de Jacques Renard – 2000

Le Dernier Seigneur des Balkans (4 x 90 min) de Michel Favart – 2001

La Porte du soleil (2 x 100 min) de Yousry Nasrallah – 2001/2002*

L'Enfant des lumières (2 x 100 min) de Daniel Vigne – 2001

Jean Moulin (2 x 90 min) d'Yves Boisset – 2001

Robinson Crusoé (2 x 90 min) de Thierry Chabert – 2002

Aurélien (2 x 90 min) d'Arnaud Selignac – 2002

Marie Bonaparte (2 x 90 min) de Benoît Jacquot – 2003

The Project (2 x 100 min) de Peter Kosminsky – 2003

Vénus et Apollon (26 x 26 min) de Tonie Marshall – 2003

Téléfilms unitaires

92 minutes de Monsieur Baum (Les) – 1998

Abjad d'Abolfaze Jalili – 2002

Abouna de Haroun Mahamat Saleh – 2001

Absolitude de Hiner Saleem – 2001

Afrique, mon Afrique d'Issa Ouédraogo – 1994

Albert Savarus d'Alexandre Astruc – 1992*

Alger-Beyrouth de Merzak Allouache – 1997
Alphaman de Jean-Pierre Limosin – 2002
Amants réguliers (Les) de Philippe Garrel – 2005*
Amazing Story of Bonk Business (The) de Juhana Manner – 1997
Anabel de Jana Bokova – 1998
Année de mes sept ans (L') d'Irène Jouannet – 2002
Apprentissage de la ville (L') de Gérard Mordillat – 1999
Au bout du rouleau de Thierry Benisti – 2002
Autrement de Christophe Otzenberger – 2000
Avanim//Les pierres de Raphaël Nadjari – 2003
Bella Vista d'Alfredo Arias – 1992*
Benny l'Irlandais // High Boot Benny de Joe Comerford – 1993*
Bête du Gévaudan (La) de Patrick Volson – 2002
Bon fils (Le) d'Irène Jouannet – 2000
C'est la vie d'Arturo Ripstein – 2000*
Cadets de Gascogne d'Emmanuel Bourdieu – 2003
Ceux qui aiment ne meurent jamais de Christophe Malavoy – 200
Chasseur de la nuit (Le) de Jacques Renard – 1993
Chemins de l'Oued (Les) de Gaël Morel – 2001
Cité des alouettes de Luc Béraud – 1997
Cœur de cible de Laurent Heynemann – 1995
Cognacq-Jay de Laurent Heynemann – 1993
Comète (La) de Claude Santelli – 1995
Comme un bateau, la mer en moins de Dominique Ladoge – 1992
Compagnons secrets de Pierre Beuchot – 1996
Conte des trois diamants de Michel Khleifi – 1995*
Controverse de Valladolid (La) de Jean-Daniel Verhaeghe – 1991
Corps plongés de Raoul Peck – 1997*
Course de l'escargot (La) de Jérôme Boivin – 1998
Cri coupé (Le) de Miguel Courtois – 1994

Cruz del Sur (La) de Pedro Reyero – 2001
D'amour et d'eau salée d'Edwin Baily – 1995
Dancing nuage d'Irène Jouannet – 1995
Delta d'Oriol Farré – 2003
Denis de Catherine Corsini – 1998
Dérive des continents (La) de Vincent Martorana – 2003
Dérives de Christophe Lamotte – 2000
Derniers jours d'Emmanuel Kant (Les) de Philippe Collin – 1992*
Des voix dans le jardin de Pierre Boutron – 1992
Dette (La) de Fabrice Cazeneuve – 2000
Deux femmes à Paris de Caroline Huppert – 2000
Dissimulation d'Hervé Nisic – 1993
Dissonances de Jérôme Cornuau – 2003
Dream Dream Dream d'Anne Alix – 2001
Echappée (L') de Roger Guillot – 1998
Électronique des sabres de Sarah Levy – 2002
En avant jeunesse de Pedro Costa – 2002*
En compagnie d'Antonin Artaud de Gérard Mordillat – 1993*
En danger de vie de Bruno Gantillon – 1996
Enchanteur (L') de Bénédicte Brunet – 1999
Enfants du faubourg (Les) de Françoise Decaux-Thomelet – 1993
Étrangers (Les) de Philippe Faucon – 1998
Faux (La) de J.D. de La Rochefoucault – 2001
Femme de l'Italien (La) de Michaël Perrotta – 1998
Femme défendue (La) de Philippe Harel – 1996*
Finale (La) de Patricia Mazuy – 1997*
Fleur de cannelle de Frédéric Laffont – 1999
Froid comme l'été de Jacques Maillot – 2001*
Gabriel de Mounir Dridi – 1993
Gagner la vie de João Canijo – 2000*

Garçon d'orage (Le) de Jérôme Foulon – 1997
Gardien du feu (Le) de Michelle Porte – 1994
Grégoire peut mieux faire de Philippe Faucon – 2001★
Gris blanc de Karim Dridi – 2001★
Haute coiffure de Marc Rivierre – 2002
Heremakono // En attendant le bonheur d'Abderrahmane Sissako – 2001★
Homme que j'aime (L') de Stéphane Giusti – 1997
Homme qui ne savait pas être un ami (L') de Benoît Graffin – 2000
(version longue : *Café de la plage*★)
Honneur de ma famille (L') de Rachid Bouchareb – 1997
Ile Atlantique (L') de Gérard Mordillat – 2002
Infidèles (Les) de Randa Chahal Sabbag – 1997★
Interpellation (L') de Marco Pauly – 2001
Intrus (L') de Claire Denis – 2001
Jenny Marx de Michel Wyn – 1995
Jeu de massacre de Jean-Teddy Filippe – 1995
Jeunesse sans dieu de Catherine Corsini – 1995★
Jules de Christian Palligiano – 1993
Jules Ferry de Jacques Rouffio – 1993
Lady Chatterley et l'homme des bois // Lady Chatterley de Pascale Ferran – 2006★
Laisse un peu d'amour de Zaïda Ghorab-Volta – 1998
Léo en jouant « Dans la compagnie des hommes » d'Arnaud Desplechin – 2001★
Lettres pour L... de Romain Goupil – 1993★
Libre circulation de Jean-Marc Moutout – 2000
Loire, Agnès et les garçons (La) de Patrice Martineau – 1998
Ma terre de Bernard Malaterre – 1998
Maison d'Alexina (La) de Mehdi Charef – 1998
Mange ta soupe de Mathieu Amalric – 1998★
Maniaque de Jean-Christophe Averty – 1992
Marian de Petr Vaclav – 1996★

Marie, Nonna, la vierge et moi de Francis Renaud – 1999
Marius et Jeannette de Robert Guédiguian – 1996*
Mas Théotime (Le) de Philomène Esposito – 1995
Mata Hari – La vraie histoire d'Alain Tasma – 2003
Mémoires en fuite de François Marthouret – 1999
Mercedes de Yousry Nasrallah – 1993*
Miss Bosnie de Nenad Dizdarevic – 2002
Mix cité de Christophe Leprêtre – 1999
Monde est à moi (Le) de Mickael Klier – 1991
Mondes parallèles (Les) de Petr Vaclav – 1999*
Morasseix de Damien Odoul – 1993*
Mort de Molière (La) de Robert Wilson – 1994
Muriel fait le désespoir de ses parents de Philippe Faucon – 1994*
Negro de Karim Akadiri Soumaïla – 2000
Nés de la mère du monde de Denise Chalem – 2002
Nés quelque part de Malik Chibane – 1997
Nuit est-elle plus noire là-bas ? (La) de Nicolas Klotz – 2003
Octobre d'Abderrahmane Sissako – 1992
Oh pardon, tu dormais ? de Jane Birkin - 1992
Oncle Paul de Gérard Vergez – 2000
Oublie tout ce que je t'ai dit d'Antonio Ferreira – 2001
Paloma de Marianne Lamour – 1997
Pantalon (Le) d'Yves Boisset – 1997
Papa est monté au ciel de Jacques Renard – 1998
Paris-Deauville d'Isabelle Broué – 2000
Parmi tant d'autres de Christophe Malavoy – 2001
Parpaillon de Luc Moullet – 1992
Pas sages de Lorraine Groleau – 2002
Passage du nord-ouest (Le) de Bernard Dumont – 1992
Passion Schliemann de Bruno Gantillon – 1999

Pays du chien qui chante (Le) de Yann Dedet – 2001
Petites gens (Les) de Nariman Turebayev – 2003
Petites mains (Les) de Lou Jeunet – 2000
Peur (La) de Daniel Vigne – 1992
Pianiste (Le) de Mario Gas – 1998
Pierre qui roule de Marion Vernoux – 1991
Pigeon vole de Mehdi Charef – 1995
Place de l'autre (La) de Roberto Garzelli – 2001
Poids du corps (Le) de Christine François – 1993
Point d'orgue de Paul Vecchiali – 1992
Porteur de cartable (Le) de Caroline Huppert – 2003
Pour demain de Fabrice Cazeneuve – 1992
Pur sang de Jean-Marc Brondolo – 2003
Que la barque se brise, que la jonque s'entrouvre de Rithy Panh – 2000*
Que le jour aille au diable d'Alain Wermus – 1992
Quelques jours entre nous de Virginie Sauveur – 2003
Record (Le) d'Edwin Baily – 1998
Règle de l'homme (La) de Jean-Daniel Verhaegue – 1993
Rêves en France de Pascal Kané – 2002
Rhésus Roméo de Philippe Le Guay – 1992*
Ritaliens (Les) de Philomène Esposito – 2000
Rue des Figuiers de Yasmina Yahiaoui – 2002
Rue Oberkampf de Gilles Adrien – 1999
Sabine de Philippe Faucon – 1992*
Sacrifices d'Ossama Mohammed – 2001*
Sagards (Les) de Dominique Ladoge – 2000
Saint-Germain ou la négociation de Gérard Corbiau – 2003
Salut la vie de Daniel Janneau – 2001
Sang du renard (Le) de Serge Meynard – 1995
Sang et poussière de Dennis Berry – 1992

Sansa de Siegfried – 2000*
Sapho de Serge Moati – 1996
Secret d'Elissa Rhais (Le) de Jacques Otmezguine – 1993
Signes de vie de Vincent Martorana – 2000
Simon Tanner de Joël Jouanneau – 1993
Somnia d'Hélène Guétary – 1995
Son frère de Patrice Chéreau – 2002*
Sourire d'Hassan (Le) de Frédéric Goupil – 2003
Surface de réparation (La) de Bernard Favre – 2000
Tak Tak de Jacek Gasiorowski – 1992*
Temps et la chambre (Le) de Patrice Chéreau – 1992
Terra Incognita de Ghassan Salhab – 2001*
Terre brûlée de Chantal Picault – 1993
Ticket to Jerusalem de Rachid Masharawi – 2002
Tous contre lui d'Arnaud des Pallières – 2002
Tout le monde rêve de voler de Dominique Ladoge – 2001
Toutes ces belles promesses de Jean-Paul Civeyrac – 2002
Tranchée des espoirs (La) de Jean-Louis Lorenzi – 2002
Terre d'Aminata (La) de Dominique Pollet – 1992
Troisième rive du fleuve (La) de Nelson Pereira Dos Santos – 1994
Un ange en danger de Nicolas Klotz – 1999 (version longue : *Paria**)
Un été à l'envers de Roger Guillot – 1993
Un fait divers de Fabrice Cazeneuve – 1998
Un fils de notre temps de Fabrice Cazeneuve – 2002
Un goût de sel d'Hélène Marini – 2002
Un homme à la mer de Jacques Doillon – 1993
Un tramway à Moscou de Jean-Luc Léon – 1995
Une grande fille comme toi de Christophe Blanc – 2001
Une journée au Luxembourg de Jean Baronnet – 1993
Une place parmi les vivants de Raoul Ruiz – 2003*

Une si jolie vallée de Paul Turner – 1992

Valentin d'Alejandro Agresti – 2001*

Vie crevée (La) de Guillaume Nicloux – 2001

Vie nue (La) de Nicolas Klotz – 2001

Ville (La) de Yousry Nasrallah – 1998*

Ville dont le prince est un enfant (La) de Christophe Malavoy – 1996

West Beyrouth de Ziad Doueiri – 1998*

Wild Blue de Thierry Knauff – 1999

Yonden de Marie Jaoul de Poncheville – 2001

Zaman, l'homme des roseaux d'Amer Alwan – 2003*

Zéro défaut de Pierre Schoeller – 2001*

Zone reptile de Jérôme de Missolz – 2001

Opérations spéciales

« Écrire contre l'oubli » (81 min) – 1991

« 3000 scénarios contre un virus » (30 x 3 min) – 1994

« L'amour est à réinventer » (10 x 5 min) – 1996

« Scénarios sur la drogue » (24 x 5 min) – 1999

« De l'Europe – about l'Europe » (7 x 12 min) – 2001

TABLE DES MATIÈRES

Remerciements

Philippe Martin remercie Pierre Chevalier, Véronique Cayla, Isabelle Pailler, Jean Le Gall, Nathalie Le Toux, Lola Hurel, Christophe Carlier, Raphaële Botte, Jean-Marc Lalanne, Benjamin Baltimore et Jean-François Bernabane.

Achevé d'imprimer par Biak
Dépôt légal : février 2017